Heike Koschyk
Hildegard von Bingen

AF204715

atb aufbau taschenbuch

HEIKE KOSCHYK, Heilpraktikerin und Autorin, wuchs mit dem Gedankengut der Hildegard von Bingen auf. Sie arbeitet als Heilpraktikerin in ihrer eigenen Praxis. Darüber hinaus schreibt sie Sachbücher und Romane. Mit ihrer Familie lebt Heike Koschyk in Hamburg.

Hildegard von Bingen gilt als eine der bedeutendsten Frauen des Mittelalters. Sie war eine Frau mit einer charismatischen Ausstrahlung, die andere Menschen mit flammendem Einsatz für ein christliches Leben in ihren Bann zog. Ihr Ruf als Visionärin und Heilerin war legendär. Doch sie scheute sich auch nicht, sich mit den Mächtigen ihrer Zeit anzulegen; so ergriff sie wiederholt das Wort, um Kirchenfürsten, Päpste, ja selbst den gefürchteten Kaiser Friedrich Barbarossa in die Schranken zu verweisen.

Heike Koschyk

Hildegard von Bingen
Ein Leben im Licht

Biographie

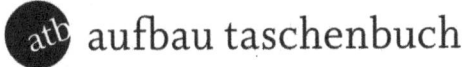 aufbau taschenbuch

MIX
Papier | Fördert
gute Waldnutzun
FSC® C08341

ISBN 978-3-7466-2522-5

Aufbau Taschenbuch ist eine Marke der
Aufbau Verlage GmbH & Co KG

10. Auflage 2025
© Aufbau Verlage GmbH & Co KG, Berlin 2009
www.aufbau-verlage.de
10969 Berlin, Prinzenstraße 85
Der Verlag behält sich das Text- und Data-Mining nach § 44b UrhG
vor, was hiermit Dritten ohne Zustimmung des Verlages untersagt ist.
Bei Fragen zur Sicherheit unserer Produkte wenden Sie sich bitte an
produktsicherheit@aufbau-verlage.de.
Umschlaggestaltung Literaturenkind / Patrizia Di Stefano
unter Verwendung von Motiven von Gerard Horenbout / Photo
Scala, Florence und akg-images
Druck und Binden CPI books GmbH, Leck, Germany

Printed in Germany

Diese Biographie basiert,
auch wenn sie keinen
wissenschaftlichen Anspruch erhebt,
auf den neuesten Erkenntnissen
der Hildegard-Forschung.

Inhalt

Prolog

Die sanfte Macht
der Hildegard von Bingen

Die Kaiserpfalz Ingelheim im Spätsommer 1155: ein Ort der Ruhe und des Rückzugs, auf einem Hang gelegen mit weiter Aussicht auf die Rheinebene.

Kaiser Friedrich I., von den Italienern wegen seines rotblonden Bartes Barbarossa genannt, war gerade aus Rom zurückgekehrt, wo er am 18. Juni 1155 in der Peterskirche zum Kaiser gekrönt worden war – trotz aller Hindernisse. Am Tag der Kaiserkrönung hatte es einen Aufstand gegeben. Papst Hadrian IV., dem er durch den Konstanzer Vertrag mit gegenseitigen Verpflichtungen und Zusagen verbunden war, hatte Feinde in Rom. Die von Arnold von Brescia angeführte Volksbewegung, die Roms Selbständigkeit zurückforderte, sah auch Barbarossa als Gegner des römischen Volkes. Hatte er doch schroff betont, er sei als Herrscher über das Heilige Römische Reich Deutscher Nation der rechtmäßige Besitzer von Rom.

Der Aufstand konnte durch die kaiserlichen Truppen abgewehrt werden. Arnold von Brescia wurde als Ketzer gehenkt, sein Leichnam verbrannt und die Asche in den Tiber gestreut, um einen Reliquienkult zu verhindern. Der Papst war zufrieden.

Als Friedrich Barbarossa aber noch im Süden gegen die Normannen ziehen sollte, kehrte er auf Bitten mehrerer Fürsten nach Deutschland zurück und ließ damit den Papst im Stich.

Wann hatte der Kaiser erfahren, dass Papst Hadrian IV. sich aus Zorn gegen ihn wandte und einen Vertrag mit

Barbarossas Gegner, dem neuen Normannenkönig, schloss? Er, der sonst so Ausgeglichene, muss getobt haben.

War es diese Situation, in der er Hildegard von Bingen einlud, um ihren Rat zu hören? Einiges spricht dafür, andere Quellen vermuten den Besuch der Hildegard noch vor seiner Kaiserkrönung, im Jahr 1154.

Oder lud er sie nur ein, weil er nach ihrem freundlichen und gleichzeitig mahnenden Brief anlässlich seiner Königswahl neugierig war, mehr von ihr zu erfahren?

Kaiser Barbarossa war bekannt dafür, mit viel Diplomatie und Verhandlungsgeschick selbst härteste Gegner zu bezwingen. Er war gewohnt, dass andere sich seinem Willen beugten. Wie muss es ihm ergangen sein, als er, geschmückt mit den Insignien der Macht, im königlichen Saal der Pfalz auf Hildegard traf, gekleidet im einfachen schwarzen Wollkleid der Nonnen? Eine Frau mit großem Herzen, aber ebenso großer Wortgewandtheit und Durchsetzungsvermögen, die sein Weltbild zurechtrückte und ihn Jahre später mit scharfen Worten ermahnte, als es infolge seines Italienfeldzugs zu einer Kirchenspaltung kam.

Hildegard, zum Zeitpunkt des Treffens fast sechzig, vierundzwanzig Jahre älter als Friedrich, hat ihn tief beeindruckt. So schrieb er ihr nach dem Treffen einen Brief, in dem er versprach: »Aber trotzdem werden wir nicht aufhören, in allen Unternehmungen uns für die Ehre des Reiches abzumühen. ... Vielmehr haben wir uns vorgenommen, einzig im Blick auf die Gerechtigkeit gerecht zu urteilen.« Ein Eingeständnis, das für einen Kaiser ungewöhnlich war.

Es erging ihm wie vielen anderen. Hildegard von Bingen, die sich selbst gerne als ungebildet beschrieb, besaß eine ungewöhnliche Verstandesschärfe und gleichzeitig die Fähigkeit, die Herzen der Menschen zu erreichen.

Es waren diese Fähigkeiten, die ihren Einfluss in kirchlicher und weltlicher Politik nachhaltig vermehrten. Doch nicht jeder war darüber erbaut. Immer wieder gab es geistliche Würdenträger, denen Hildegards Macht ein Dorn im Auge war und die danach strebten, ihr das Leben zu erschweren ...

1. Kapitel

Hildegards Kindheit und Lehrjahre

Hildegard wird im Jahre 1098 geboren – in eine Zeit des Umbruchs, in der das Christentum gespalten ist und ein erbitterter Streit zwischen kirchlicher und weltlicher Macht um die Oberhoheit im Reich herrscht.

Sie ist das zehnte Kind der Adeligen Hildebert und Mechthild von Bermersheim. Der Gutshof der von Bermersheim liegt zwischen Weinbergen und ertragreich bewirtschafteten Feldern in der Nähe von Alzey im rheinfränkischen Land zwischen Rhein, Mosel und Maas.

Das Leben der Adeligen dieser Zeit ist angenehm. Auf dem elterlichen Herrenhof gibt es eine Amme, Mägde und Knechte, Stallburschen und Köche. Die Bauern, die das Land der von Bermersheim bewirtschaften, liefern von ihren Erträgen Abgaben an den Gutsherren. Getreide, Obst und Gemüse, Wolle, Flachs und Hanf, Wein und Bier, Honig, Fleisch und Fisch. Der Großfamilie geht es gut, sie ist mit äußeren Gütern reich gesegnet.

Hildegard wächst mit Kühen und Pferden auf und lernt wie ihre Geschwister reiten. Sie erlebt den Wechsel der Jahreszeiten, den beständigen Rhythmus der Natur, den festen Halt von Feiertagen und Ritualen, zu denen der sonntägliche Kirchgang gehört.

Außerhalb der »familia«, der Hausgemeinschaft, die auch die Bediensteten des Hofes mit einschließt, ist das Leben härter. Der warme Kamin im Winter, das regelmäßige Bad, ein fester Platz für den Abort ist ein nur wenigen zugänglicher Luxus. Mangelnde Hygiene und ständige

Hungersnot sind Nährboden vieler Seuchen, die sich dort ausbreiten, wo Menschen zusammenleben. Typhus, Pocken, Cholera, Tuberkulose, Ruhr und andere Erkrankungen enden meist tödlich. Wer sie übersteht, stirbt vielleicht durch wilde Tiere, die in Wäldern, Buschland und Mooren lauern, durch Fehden oder infolge des Unwesens zahlloser Räuber.

Unheilbare Krankheiten sind an der Tagesordnung: Lähmungen, Blindheit, Epilepsie und vielerlei andere schwere Gebrechen. Besonders schlimm trifft es die Leprakranken, deren Körper unansehnlich verstümmelt sind. Es sind Aussätzige, denn diese Erkrankung ist ansteckend, man stirbt ganz langsam, nach qualvollen Jahren.

Die Menschen fühlen sich als Spielball des Schicksals, ausgeliefert einem strafenden Gott oder gar dem Teufel. Machtlos gegen Hunger, Kälte und Krankheit oder die unberechenbaren Stimmungen anderer Menschen. Der Kampf um die Existenz, manchmal auch nur um ein Stück Brot, beherrscht das Leben in den immer größer werdenden städtischen Siedlungen, wo die neue Freiheit abseits der Leibeigenschaft so manchen das Leben kostet.

Auch auf Gut Bermersheim bleibt die Schattenseite des Lebens nicht verborgen, aber sie dringt nicht bis zu den Bewohnern vor. Und so bleibt Hildegard der alltägliche Kampf ums nackte Überleben im behüteten Umfeld der gut versorgten Großfamilie fern.

Hildegards Kindheit hätte ein Paradies sein können. Aber sie ist anders. Von Geburt an ist sie schwach und kränkelnd, muss fast ständig mit Schmerzen leben. Während ihre Geschwister sich innerhalb des elterlichen Besitzes frei bewegen können, bekommt sie viele Dinge aufgrund der Krankheiten nicht mit. Und trotz der verlässlichen Rhythmen ihrer Umgebung lebt sie mit einer ständig zitternden Unruhe, vermisst das Gefühl der Sicherheit.

Hildegard ist ein sensibles, schüchternes Kind, mit ungewöhnlichen Fähigkeiten. Im Alter von drei Jahren sieht sie ein großes Licht, das ihre Seele tief bewegt. Kaum kann sie sprechen, erzählt sie mit Worten und Gesten die Bilder ihrer Visionen und versetzt damit die Umwelt in Erstaunen.

Anfangs noch empfindet sie die göttlichen Botschaften mit einem natürlichen Selbstverständnis, so sagt sie ganz unbedarft die Flecken eines noch ungeborenen Kalbes voraus. Bis sie bemerkt, dass ihr eine Gabe verliehen worden ist, die andere nicht haben. Als sie ihre Amme fragt, ob sie denn – abgesehen von äußeren Dingen – etwas sehe, verneint diese. Hildegard erschrickt, bekommt Angst vor ihrer Gabe. Die Visionen verwirren sie, grenzen sie von den anderen ab. Warum ausgerechnet sie? Warum sieht nur sie seltsame Dinge und hört die Stimme des göttlichen Lichts? Hildegard beschließt, ihre Visionen für sich zu behalten.

Zu dieser Zeit ist Deutschland zerstritten in der Machtfrage der irdischen und himmlischen Vorrechte.

Weltliche und kirchliche Belange sind eng miteinander verwoben, jede Seite beansprucht die Ausübung der Macht. Weder Papst Gregor VII. noch König Heinrich IV. wollen dem anderen Vorrechte einräumen.

Als der Papst für sich in Anspruch nimmt, Bischöfe, Könige und Kaiser bestimmen und absetzen zu dürfen, erklärt der König im Gegenzug den Papst für abgesetzt.

Es wird ein Gegenkönig gewählt, ebenso wie ein Gegenpapst, der den soeben abgewählten König in Rom zum Kaiser krönt. Die Zeiten sind unruhig. Selbst Adelige müssen vorsichtig sein, wem sie ihre Gunst öffentlich zugestehen. Jede Seite sieht sich im Recht, und um das göttliche Recht zu verteidigen, wird gemordet. Aber auf welcher Seite steht Gott?

Erst als sich der Sohn des Königs 1105 mit der Mehrheit der Fürsten gegen den Vater stellt, ihn nach erbittertem Krieg zur Abdankung zwingt und selbst den Thron besteigt, scheint der dreißig Jahre währende Kampf zwischen Kirche und weltlichem Herrscher beendet. Vorerst.

Hildegard, die mit wachem Geist und kindlicher Neugier am Leben auf dem Gutshof teilnimmt, kann sich den Gesprächen in ihrem Elternhaus, die sich um den Konflikt zwischen Kirche und Herrscher drehen, nicht entziehen. Noch versteht sie die Hintergründe der Diskussionen nicht. Später aber, als die Welt erneut in einen Streit um die Vorrechte versinkt, wird sie sich an die Unruhe erinnern, die immer wieder in das idyllische Leben der Bermersheimer eingebrochen ist.

Gegenüber der Burg Böckelheim, in der der abgesetzte König zeitweilig gefangen gehalten wird, liegt am nördlichen Nahe-Ufer Burg Sponheim, nur einen Tagesritt von Bermersheim entfernt. Dort lebt die hochadelige Familie von Sponheim, mit der Hildegards Familie freundschaftlich verbunden ist.

Graf von Sponheim war 1095 gestorben, Gräfin Sophia zieht zwei Söhne und eine Tochter alleine auf. Das Mädchen, Jutta, ist sechs Jahre älter als Hildegard und im Gegensatz zu dieser selbstbewusst und wortgewandt; traut sich, ihre Meinung vehement zu vertreten. Sie wächst in einer liebevollen Umgebung auf und wird von ihrer Mutter in die Heilige Schrift eingewiesen. Das Mädchen ist wissbegierig und saugt das Gelernte in sich auf, so dass sie bald vieles auswendig aufsagen kann.

Als Jutta zwölf Jahre alt ist, erkrankt sie so schwer, dass ihre Angehörigen das Schlimmste befürchten. Jutta ist jedoch noch nicht bereit zu sterben, sie kämpft um ihr Leben und betet zu Gott. Wenn sie wieder gesund wird, gelobt sie, dann wird sie als Gegenleistung ihr Leben dem Herrn weihen.

Die Genesung erscheint wie ein Wunder. Als Jutta aber ihr Gelöbnis erfüllen will, ist die Familie dagegen. Ihre Zukunft ist anders geplant: Jutta stammt aus einer hochangesehenen Familie und ist für ihre Klugheit und Schönheit bekannt. Es gibt vielversprechende Heiratskandidaten, einige haben Jutta bereits einen Antrag gemacht.

Jutta weigert sich jedoch. Nein, sie will nicht heiraten, sie möchte sich zu einem religiösen, enthaltsamen Leben verpflichten, so wie sie es in ihrer Krankheit gelobt hat.

Jutta setzt sich durch, wie schon so oft. Gegen den Willen der Familie reist sie als Dreizehnjährige nach Mainz und lässt sich von Erzbischof Ruthard zur Jungfrau weihen.

Die Verwandtschaft, von Jutta vor vollendete Tatsachen gestellt, muss diesen Schritt akzeptieren. Eine Weihe kann man nicht rückgängig machen. Das Mädchen hat ihr Leben unwiderruflich Gott dargebracht.

Jutta ist zielstrebig. Sie entscheidet sich für eine religiöse Ausbildung außerhalb einengender Klostermauern und wird schließlich von der frommen Witwe Uda von Göllheim, einer nahen Verwandten, auf Burg Sponheim unterrichtet. Das Mädchen verbringt die Tage und Nächte mit Fasten, Nachtwachen und Beten, ist ständig für Gott, den Herrn, da.

Der Wunsch nach einer Wallfahrt entsteht. Jutta möchte die Orte sehen, die Christus, der Heiland, zu Lebzeiten geprägt hat. Vor gut einem halben Jahrhundert hatte Bischof Gunther von Bamberg eine Jerusalem-Wallfahrt mit fast 12 000 Pilgern unternommen, noch immer wird darüber gesprochen.

Auch der Pilgerweg zur Heiligen Stadt Rom ist reizvoll, mit seiner unerschöpflichen Strahlkraft. In Rom, so

heißt es, kann man sein Seelenheil finden oder es sich zumindest für das Lebensende sichern. Andere Pilger suchen
ihr Heil im Weg nach Santiago de Compostela, am Ende
der Welt, der Finis Terra, das durch das Apostelgrab des
Jakobus, einem der engsten Jünger Jesu und Patron aller
Pilger, geheiligt ist. Was kann aufregender sein, als sich
ihnen anzuschließen!

Die Familie ist entsetzt. Das Pilgern ist gefährlich. Vor
vierzig Jahren starb Graf Siegfried von Sponheim auf der
Rückreise vom Heiligen Land, seine Frau nur wenige Jahre
später auf einer Wallfahrt nach Santiago.

Aber Uda von Göllheim hat Jutta gut im Auge, kommt
jedem ihrer Versuche, auszureißen, zuvor.

Hildegard ist fasziniert von Jutta, die so anders ist als sie
selbst. Sie möchte es ihr gleichtun, ebenso mutig und
selbstsicher werden und drängt die Eltern zu einer religiösen Lerngemeinschaft mit ihr.

Die Eltern stimmen zu, wenn auch schweren Herzens.
Hatten sie doch schon früh daran gedacht, Hildegard als
zehntes Kind Gott zu weihen, so war eine religiöse Lerngemeinschaft ein erster Schritt in diese Richtung. Mit Sicherheit aber dachten sie an das Wohl ihrer sensiblen, wegen ihrer Visionen ängstlichen und unsicheren Tochter, als
sie Hildegard 1106, mit acht Jahren, zu der klugen und
selbstbewussten Jutta nach Burg Sponheim gehen lassen.

Dort, wo das Nahetal schmaler wird und die Ufer stei-
ler ansteigen, liegt Burg Sponheim hoch über dem Fluss.
Von hier hat man einen weiten Blick über das Tal, bei kla-
rer Sicht kann man fast bis zum Rhein sehen.

Hier verbringt Hildegard sechs Jahre der spirituellen
Erziehung, lernt zusammen mit Jutta von Sponheim und
einer anderen, gleichaltrigen Jutta lesen und schreiben,
zunächst unter Aufsicht der frommen Witwe, Juttas reli-

giöser Mentorin. Auch Jutta von Sponheim kennt das Empfangen von Visionen und nimmt Hildegard in ihrer Sensibilität ernst.

Disibodenberg, im Mai 1108. An der Stelle, wo Glan und Nahe zusammenfließen, errichtete einst der irische Wandermönch Disibod, überwältigt von der Schönheit der Naturlandschaften, eine Mönchsansiedlung. Zu Beginn des 12. Jahrhunderts sind dort nur noch Ruinen. Das aber soll sich bald ändern.

Der Mainzer Erzbischof Ruthard, der wenige Jahre zuvor Jutta zur Jungfrau weihte, schickt zwölf Mönche aus dem Mainzer Kloster St. Jakob zum Disibodenberg, um auf den Ruinen eines mehrfach zerstörten Kanonikerstifts eine Benediktinerabtei zu errichten. Bereits im Juni wird der Grundstein für die neue Klosterkirche gelegt.

Noch während der Bau beginnt, stirbt Sophia von Sponheim. Jetzt, wo sie nichts mehr zu Hause hält, beschließt Jutta, ihren noch immer brennenden Wunsch, zu pilgern, in die Tat umzusetzen.

Gutes Zureden ist sinnlos, erst als ihr Bruder Meinhard sich an Bischof Otto von Bamberg wendet, der sich zu dieser Zeit im Rheingau befindet, lenkt Jutta ein. Der Bischof rät ihr zu einem Leben hinter Klostermauern, erzählt von dem Kloster ganz in der Nähe, auf dem Berg des heiligen Disibod, das sich im Aufbau befindet.

Hildegard lauscht den neuen Plänen mit leiser Furcht. Auch Hildebert und Mechthild von Bermersheim sind von der Aussicht angetan, ihre Tochter in die Obhut eines Klosters zu geben. Hildegard möchte ihrer Freundin Jutta gerne folgen, doch will sie wirklich so weit weg von ihrer »familia«? Dem Verbund aus Eltern und Geschwistern und all den Menschen, die der Hausgemeinschaft des Bermersheimer Hofes angehören? Aber als

Kind hat sie nicht selbst zu entscheiden. Sie ist die zehnte Tochter, die Gott dargebracht werden soll, und so beugt sie sich den Plänen ihrer Eltern.

Später, als erwachsene Frau, wird sie in ihren Schriften immer wieder betonen, dass eine Jungfrau sich aus freien Stücken für ein monastisches Leben entscheiden soll. Nicht die Eltern sollen das unmündige Kind zu dieser Lebensform bestimmen, sondern die eigene Entscheidung aus leidenschaftlicher Liebe zu Christus.

»Si infantem tuum mihi offers, ... et tamen sine voluntate ipsius eum offers ... non recte fecisti.« – Wenn du mir ein Kind ohne seine Zustimmung bringst, hast du nicht richtig gehandelt.

Der Standort aber erscheint wie ein Geschenk. Zu dieser Zeit gibt es in der Umgebung kaum Frauenklöster. Das entstehende Benediktinerkloster liegt nicht einmal eine Tagesreise entfernt, es fehlt nur noch eine Frauenklause, die Juttas und Hildegards Familien zu stiften bereit sind.

Jutta lässt sich von der allgemeinen Vorfreude zunächst kaum mitreißen. Die Aussicht, derart in ihrer Freiheit beschnitten zu werden, gefällt ihr nicht, sieht ihr Bruder doch das Kloster als »sichere Verwahrung« der umtriebigen Schwester. Auch Hildegard fällt es schwer, nicht voller Sorge an den nahenden Abschied von der Familie und der ihr vertrauten Welt zu denken. Schließlich aber siegt in beiden Mädchen der Wunsch nach religiöser Verwirklichung.

Klausnerinnen genießen zu dieser Zeit großes Ansehen. Die Aussicht, gemeinsam ihrer religiösen Berufung nachzugehen und Gott in einer Klause zu dienen, erscheint immer verlockender. Es ist ein Leben, das viele anstreben, doch nur wenigen möglich ist. Nicht zuletzt, weil nur wenige Klöster es sich leisten können, arme Personen in die klösterliche Gemeinschaft aufzunehmen.

So sichert auch eine hohe Mitgift der Familien von Bermersheim und von Sponheim das künftige klösterliche Leben der beiden Mädchen. Dementsprechend geht das Dorf Nunkirche inklusive aller Hörigen, die dort leben, aus dem Familienbesitz der von Sponheims an das Benediktinerkloster über.

Die Zukunft von Hildegard und Jutta ist beschlossen. Bis zur Fertigstellung der Frauenklause bleiben die Mädchen auf Burg Sponheim, mit Jutta als religiöser Lehrmeisterin. Vorklösterlich, aber in Zielrichtung auf ein gottgeweihtes Leben.

Mit Spannung verfolgen sie die Entwicklung auf dem nahen Disibodenberg. Die Aussicht, Klausnerin zu werden, hat sich tief in ihnen eingegraben, bestimmt ihr ganzes Denken. Und hier ist der richtige Ort dafür. Hier, ganz in der Nähe ihrer Heimat, auf einer sanft bewaldeten Bergkuppe, fast vollständig umschlungen von Flüssen, entsteht das Ziel ihrer Sehnsucht. An einem Platz, der schon früher, zur Zeit des heiligen Disibod, eine ganz besondere Ausstrahlung gehabt hat.

Immer wieder reiten sie hoch zu Pferde zur Baustelle und beobachten den Fortschritt des Klosterbaus. Es entstehen mehrere Gebäude. Die Abteikirche, die in ihrer Breite dem Mainzer Dom gleichkommt, der Kreuzgang, der Kapitelsaal, die Bibliothek mit dem Skriptorium, die Schlafsäle und der Baderaum, die Küche und der Speisesaal. Am Schluss die Frauenklause.

Am 1. November 1112, dem Allerheiligentag, ist es soweit: Hildegard und Jutta werden Klausnerinnen. Auch die andere Jutta aus der religiösen Lerngemeinschaft ist dabei.

Die Nacht zuvor verbringen sie gemeinsam mit ihren Eltern als Gäste des sich teilweise noch in Bau befindlichen

Klosters. Für die Familie erscheint es wie ein Abschied für immer. Viele Jahre hat Hildegard sich auf diesen Moment vorbereitet, und doch ist es etwas anderes, wenn er bevorsteht.

In der Abteikirche legen die jungen Frauen vor Abt Burchard das Gelübde klösterlichen Lebens ab. Viele Menschen sind gekommen, Adelige wie auch Persönlichkeiten mittleren Ranges. Hildegards Vater Hildebert spricht in der feierlichen Messe die Formel zur Übergabe seiner Tochter an Gott und überlässt sie dann im Namen des dreifältigen Gottes ihrer Meisterin Jutta.

In einer gemeinsamen Prozession ziehen die drei Frauen in ihre Klause ein, geleitet von brennenden Fackeln. Die Frauen sind nun Inklusen, Eingeschlossene im übertragenen Sinne. In Abkehr vom weltlichen Leben.

Lange Zeit nahm man an, dass die jungen Frauen tatsächlich eingemauert wurden und nur durch ein kleines Fenster mit der Außenwelt Kontakt hatten. Meist wurden diese Klausen an den Chorbereich der Kirche angebaut, damit die Eingemauerten dem Gottesdienst und Chorgebet folgen konnten. Inzwischen gilt aber als gesichert, dass Hildegards Vergangenheit als Klausnerin für ihre Biografen nur Mittel zum Zweck war. Hildegard sollte heiliggesprochen werden. Die Beschreibung der Einmauerung in Hildegards Vita erfolgte zu einer Zeit, als sich das Frauenbild in der Kirche wandelte und strengste Klausur verlangt wurde, lange nach Hildegards Tod. Aus Juttas Vita, die rund vierzig Jahre vorher geschrieben wurde, gibt es keinerlei Hinweise auf eine Einmauerung, ebenso wenig von den archäologischen Studien der Klosterruinen, die keinen dafür typischen Kirchenanbau erkennen ließen. Schon aus baulichen Gründen war dieses auch nicht möglich, da die Klosterkirche zu diesem Zeitpunkt noch nicht fertiggestellt war.

Dagegen wird auch heute noch ein Platz südlich der Kirche als Ort der ehemaligen Klause verehrt. Ebenfalls im Gespräch ist die eigenwillige zweischiffige Kapelle im Bereich des ehemaligen Kanonikerstifts, deren nördliches Seitenschiff einen kleinen Raum bildet, der durch ein eigenes Portal von der Nordseite aus zugänglich ist.

So ist die Umschreibung »est inclusa« nicht zwangsläufig als die »Einmauerung in eine kleine Zelle« zu verstehen, sondern als die Aufnahme in einen geschützten klösterlichen Raum.

Sicher ist, dass Juttas Ruf als angesehene, kluge Frau die Gemeinschaft der Frauen anwachsen ließ. Aus der Klause wurde ein traditioneller Nonnenkonvent, aus dem Kloster Disibodenberg ein Doppelkloster.

Hildegard ist zum Zeitpunkt des Einzugs vierzehn, Jutta von Sponheim zwanzig Jahre alt. Nur wenige Monate später legen sie vor Bischof Otto von Bamberg das monastische Gelübde ab und erhalten von ihm den geweihten Schleier. Es ist für Hildegard der Beginn einer langen Zeit völliger Abgeschiedenheit, einer Zeit des Lernens und der Innenschau.

Jahre später, als Hildegard ihre Visionen als Gottesgeschenk wahrnimmt und sich der Verantwortung der Auserwähltheit bewusst ist, wird aus dem schüchternen, ängstlichen Mädchen eine starke, charismatische Frau.

2. Kapitel

Kloster Disibodenberg

Der Aufstieg zum Kloster ist steil, doch wer den Berg auf halber Höhe erklommen hat, wird von der grünen Natur und der Weite des Blicks gefangen genommen. Von dort aus kann man über die beiden Flusstäler blicken, die den Berg umgeben, bis hin zu den gegenüberliegenden Höhen. Das letzte Stück führt durch die bewaldete Kuppe, durch dicht stehende Bäume zum Kloster. Hier oben herrscht Ruhe, es ist ein Ort der völligen Abgeschiedenheit. Hildegard liebt die herrliche Umgebung des Disibodenbergs, erlebt sie als eine Offenbarung Gottes.

An manchen Tagen wird die Stille zerrissen vom Hämmern und Klopfen und den barschen Rufen der Zimmerleute und Steinmetze. Das Kloster Disibodenberg ist noch nicht fertig. Einige Gebäude der großzügigen Klosteranlage sind noch im Entstehen, auch an der Abteikirche wird noch gebaut.

Die Bewohner der Anlage lassen sich in ihrem Alltag von der immer wieder einbrechenden Unruhe nicht stören. Ihr Leben ist der Stille gewidmet, dem religiösen Rückzug im Dienst an Gott.

Für Hildegard beginnt ein Leben nach festen Ritualen. Gemäß dem heiligen Benedikt von Nursia, Begründer des europäischen Mönchtums, der im 6. Jahrhundert erstmals für Mönche verbindliche Regeln aufstellte, ist der Tag in feste Abschnitte eingeteilt. Die Zeit wird mit Sonnenuhren oder Wasseruhren gemessen, ein Gongschlag kündigt die Abschnitte an.

Der Tag beginnt früh, gegen zwei Uhr morgens. Noch im Dunkeln der Nacht findet die Morgenfeier statt, bei Tagesanbruch singen die Mönche und Nonnen Lobgesänge. Dann ist Zeit bis sechs Uhr früh. Ab da folgen alle drei Stunden die kleinen Horen, Stundengebete mit einem Vers, drei Psalmen, Lesung, Gesang und Schlussgebet.

Am frühen Abend dann die länger dauernde Vesper und schließlich das Komplet, der Gesang des Nachtgebetes zwischen sechs und acht. Danach herrscht Schweigepflicht.

Geschlafen wird im Dormitorium, auf kargem Strohlager und grober Decke, die Nonnen, von den Mönchen getrennt, in der engen Klause. Es bleibt nicht viel Zeit zum Schlafen, nur etwas länger als die halbe Nacht. Auch für die Mittagsruhe, die innerhalb eines festen Rahmens erlaubt wird, ist nicht viel Raum, und daher gibt es immer wieder Mönche und Nonnen, die sich auch tagsüber nicht gegen den Schlaf wehren können, beim Chorgesang, bei der Handarbeit oder im Skriptorium.

Ora, lege et labora – bete, lese und arbeite, lautet das Gebot, und so wird zwischen den Gebeten und Mahlzeiten gearbeitet oder in den Schriften der Klosterbibliothek gelesen, denn Müßiggang ist der Feind der Seele.

Im Kloster gibt es einen Kräutergarten, der bearbeitet werden muss, ebenso wie die landwirtschaftlichen Flächen, die der Selbstversorgung dienen. Manche Mönche sind handwerklich oder künstlerisch begabt, stellen liturgische Geräte her oder schmücken kostbare Schriftstücke mit Miniaturen. Andere wieder kümmern sich um die Krankenpflege, die Armenfürsorge oder um die Aufnahme von Gästen – Pilgern und Reisenden. Gasthäuser gibt es zu diesem Zeitpunkt nur wenige.

Wichtig ist auch die Arbeit im Skriptorium, der Schreibstube, in der bedeutende Werke mühevoll abgeschrieben oder neue selbst verfasst werden. Hier entstehen auch die

Klosterannalen, welche die wichtigsten Ereignisse des Klosters festhalten. Zunächst als Konzept auf Wachstafeln mithilfe eines Metallgriffels, mit dessen abgeflachtem Ende man die Schrift später wieder löschen kann, später in Reinschrift auf Pergament, in schönen kalligrafischen Buchstaben, mit einer Gänsefederspitze sorgfältig gemalt. Schreiben gilt als tugendhaftes Werk, das Sünden abgleichen und himmlischen Lohn verschaffen kann, darum ist diese Arbeit im Kloster beliebt.

Die Mönche erhalten eine fundierte Ausbildung. Aus der Klosterbibliothek erfahren sie das gesamte Wissen dieser Zeit: Hier gibt es Lehrbücher über die sieben freien Künste: Grammatik, Rhetorik, Dialektik, Arithmetik, Astronomie, Geometrie und Musik. Und natürlich die Bibel und liturgische Schriften für den Gottesdienst. Ebenso theologische Werke und Heiligenviten, Klosterregeln, wissenschaftliche Traktate und Enzyklopädien. Dazu noch Werke antiker Autoren. Die Nonnen sind von der Ausbildung ausgenommen, denn Frauen steht in dieser Zeit keine offizielle theologische Ausbildung zu. Dennoch erhalten sie Gelegenheit, die Schriften aus der Klosterbibliothek zu studieren.

Hildegard bezeichnet sich später immer wieder selbst als »ungelehrt«. Beteuert, nur das Singen von Psalmen gelernt zu haben, aber weder das Benutzen von Wort und Schrift noch die Unterweisung in die Musik. Ein Umstand, der inzwischen widerlegt worden ist.

Klöster waren damals Zentren der Bildung und Erziehung. Es ist ihnen zu verdanken, dass ein großer Teil der klassisch-antiken Bildung erhalten ist. Die Forschung sieht es als erwiesen an, dass auch Hildegard der Zugang zur umfangreichen Bibliothek nicht verschlossen war.

Das Leben im Kloster ist karg. Nach den benediktinischen Regeln ist persönlicher Besitz verboten. Jeder erhält eine Unterlage aus Reisig oder Stroh, ein Betttuch, eine Decke und ein Kopfkissen sowie die schwarze Klosterkleidung und ein Paar Schuhe.

Hildegard wohnt mit Jutta und der dritten Frau eng zusammen, die Frauenklause umfasst anfangs nur einen Raum. Das Vollbad ist nur zu Weihnachten und Ostern erlaubt, an den übrigen Tagen werden Waschungen vorgenommen, einschließlich der Füße.

Die ärmlichen Mahlzeiten werden zugeteilt. Es gibt eine Hauptmahlzeit mit zwei gekochten Speisen aus Fisch, Getreide oder Hülsenfrüchten und – wenn vorhanden – Obst und Gemüse als Beilage. Fleisch ist nur zu besonderen Anlässen erlaubt oder bei schwerer Krankheit. Im Sommer gibt es abends noch einen kalten Imbiss, meistens Brot. Häufig müssen die Frauen den Tag über fasten, erst abends ist Essen gestattet.

Beim Essen herrscht Schweigen. Man lauscht einem für eine Woche bestimmten Lektor, der aus der heiligen Schrift liest. Schweigen ist wichtig, das Hören macht wach und sensibel in der Wahrnehmung. Nur der, der schweigt, kann seinen Geist füllen und offen sein für das Wort Gottes.

Hildegard passt sich dem Alltag an. Anfangs scheu und zurückhaltend, nimmt sie das strenge Reglement noch als gegeben hin.

Jutta von Sponheim, die erste Magistra des Kloster Disibodenberg, erweist sich als gute Lehrmeisterin. Ihre aufgeschlossene, selbstbewusste Art prägt Hildegard, die ihre engste Vertraute ist.

Mit großem Selbstverständnis beschränkt Jutta ihr Wirken nicht nur auf die religiöse Ausbildung ihrer Mitschwestern. Bald öffnet sie sich nach außen und nimmt regen Kontakt mit den Mönchen wie auch den Menschen außerhalb des Klosters auf.

Hildegard, die alles, was um sie herum geschieht, mit großem Interesse verfolgt, erlebt, wie das Ansehen ihrer Lehrmeisterin stetig wächst.

Die Mönche und der Abt schätzen die Gespräche mit Jutta und sind auch ihren Ermahnungen gegenüber aufgeschlossen. Immer mehr Menschen kommen zum Kloster, um ihren Rat zu hören, welchen Standes auch immer. Adelige, Nichtadelige, Reiche und Arme, Pilger und Gäste. Ihre Ratschläge sind hoch geachtet, man bewundert und verehrt die Magistra, bis weit über das Rheintal hinaus.

Innerhalb der Klostermauern erweist Jutta sich als ähnlich zielstrebig, wie schon zuvor gegenüber ihrer Familie. Als der Abt stirbt und die Mönche mit einstimmigem Beschluss die Wahl des Nachfolgers bis zur Rückkehr des Erzbischofs verschieben, betet sie Tag und Nacht, bis vor ihrem geistigen Auge ein göttliches Bild erscheint, in dem zunächst Folkard (1128–1136) und nach ihm der von ihr hoch geschätzte Kuno (1136–1155) dem Kloster vorstehen. Niemand wagt ihrer Prophezeiung zu widersprechen. Zumal Kritik an Jutta schaden könnte. Ein Mönch, der sich schlecht über sie äußerte, kann plötzlich drei Tage lang nicht mehr sprechen. Erst als sie um seine Genesung betet, erholt er sich. Ein Zeichen Gottes? Kaum einer wagt, es anzuzweifeln. Das Risiko ist zu groß, sich gegen die selbstbewusste Magistra aufzulehnen.

Während Jutta sich in ihrem Wirken auch weltlichen Belangen öffnet, lebt Hildegard weiter in religiöser Abgeschiedenheit. Immer wieder erfährt sie Visionen, die sie nach wie vor beunruhigen und traurig machen. Ängstlich darauf bedacht, den Menschen dadurch nicht fremd zu werden, versucht sie, diese Visionen zu verbergen. Aber auf dem engen Raum ist es nicht möglich. Zumal sich Hildegard während der Schau sichtbar verändert: Sobald die Visionen kommen, wird sie wie ein Kind, redet über Dinge, die fremd klingen. Die anderen Schwestern meiden sie, wenden sich irritiert ab. Hildegard schämt sich. Lieber würde sie schweigen, aber es ist ihr nicht möglich. Kommen die Visionen über sie, ist sie machtlos, sie muss reden, kann die Worte, die durch ihren Mund dringen, nicht aufhalten, obwohl sie bei vollem Bewusstsein ist. Es ist wie früher, als sie noch ein Kind war und sich von den Geschwistern isoliert fühlte! Nichts hat sich geändert, seit sie in den heiligen Mauern lebt. Sie bieten keinen Schutz vor ihr selbst, vor der Erfahrung des Ausgegrenztseins. Warum nur – warum nur sie? Wer kann ihre Tränen trocknen, wenn nicht Gott?

Jutta, die Hildegard bereits früh in ihr Geheimnis eingeweiht hatte, beschließt, einen ihr vertrauten Mönch zu Rate zu ziehen: Volmar ist sehr einfühlsam und kann Hildegard die schwere Bürde nicht abnehmen, ihr aber durch sein Verständnis das Gefühl geben, mit dem Kummer nicht alleine gelassen zu werden. Mit großem Interesse verfolgt er ihre Entwicklung, steht ihr mit Rat und Tat zur Seite. Jahre später, als Hildegard beginnt, ihre Visionen aufzuschreiben, ist er ihr engster Freund und Berater.

Hildegard fühlt sich aufgefangen, verstanden von der klugen Jutta und dem sensiblen Volmar. Aber da ist noch etwas, das Grund zur Beunruhigung gibt: Jutta hat sich zu einer extrem strenggläubigen Frau entwickelt, die die benediktinischen Regeln und den langen Pflichtenkatalog sehr ernst nimmt – zu ernst.

Zu dieser Zeit macht ein junger Abt von sich reden: Bernhard vom Kloster Clairvaux, ein Mann mit starkem Heilseifer. Seinen Mönchen predigt er ein engelsgleiches

Leben als Ideal. Engel essen und schlafen nicht, sie schauen Gott. Und daher versucht Bernhard von Clairvaux mit seiner Askese und seinen mystischen Erhebungen eben jenen Wesen gleichzukommen und kasteit sich und seine Mönche mit Fasten und nächtlichen Offizien.

Tag und Nacht betet er im Stehen, bis seine vom Fasten geschwächten Knie und seine angeschwollenen Füße den Körper nicht mehr tragen konnten. Unter seiner Kleidung trägt er ein Bußhemd auf dem Körper, ebenso wie einen Bußgürtel. »Unser Fleisch ist ein lasziives Tier, nämlich ein störrischer Esel, doch es muss gezüchtigt werden, damit es seiner Herrin, das heißt seiner Seele, gehorcht.«

Wenn er etwas zu essen zu sich nimmt, besteht es nur noch aus Milch mit Brot oder in Wasser gekochtem Gemüse und Brei. Sein Magen rebelliert, häufig kann er die wenige Nahrung nicht mehr halten. Um den Chorgesang nicht zu stören, lässt er bei seinem Platz ein Gefäß eingraben, in dem er seinem schmerzhaften Zwang nachgeben kann. Und so schwebt er durch den ständigen Entzug der Nahrung immer häufiger zwischen Leben und Tod.

Für viele Gläubige ist Bernhard, der so mitreißend zu predigen vermag, vorbildlich. Die Askese und Selbstkasteiung erscheint ihnen als der beste Weg zum Himmelreich.

Jutta, Magistra vom Disibodenberg, empfindet ebenso. Hildegard muss mit ansehen, wie sich ihre engste Vertraute kasteit. Schon bei ihrem Einzug legt sich Jutta eine eiserne Gürtelkette an, die sie Tag und Nacht auf der nackten Haut trägt, um ihren Köper zu züchtigen. Aber davon nicht genug: Zeitweilig bringt sie sich schreckliche Wunden bei oder setzt sich nackt betend der eisigen Kälte des Winters aus, um sich für die Übertretung einer der strengen Regeln zu bestrafen oder sich ihrer Tugendhaftigkeit und Demut zu versichern.

Auch die Frauengemeinschaft, die seit Bezug der Frauenklause stetig angewachsen ist, wird von ihr angehalten, pflichtgemäß zu leben und mehr Chorgebete zu absolvieren als die Mönche. Jutta selbst betet und meditiert in jedem freien Augenblick.

Auch der Nahrung enthält sie sich zunehmend, verweigert die Aufnahme von Fleisch, so dass ihr Körper mehr und mehr ausmergelt.

Hildegard muss tatenlos zusehen, wie ihre Magistra nur noch Haut und Knochen wird. Wie oft hat sie Jutta darauf hingewiesen, dass eines der Gebote Benedikts das Maßhalten ist, das jede Übertreibung wie extreme Askese verbietet! Aber Jutta hat ihren eigenen Kopf, obwohl auch der Eigenwille nach den Regeln nicht zulässig ist.

Selbst der Abt, dem sie bei Klostereintritt bedingungslosen Gehorsam geschworen hat, kommt nicht an Jutta heran. Im Gegenteil: Obwohl er ihr das Essen von Fleisch befiehlt, weigert sie sich.

Eines Tages, als Jutta von einer schweren Krankheit geschwächt auf ihrem Ruhelager liegt, fliegt ein großer Wasservogel vorbei und setzt sich auf ihr Fenster. Der Abt ist erleichtert, es ist ein Zeichen Gottes, Jutta soll mit diesem Geschenk des Himmels gestärkt werden. Und ist Geflügel denn wirklich Fleisch, es gehört doch gar nicht zur Gattung der Vierbeiner?

Jutta beugt sich dem Willen des Abtes. Es ist das letzte Mal. Dann verbittet sie sich zukünftig jede Unterordnung unter die benediktinische Verpflichtung, bei Krankheit Fleisch zu essen, zu dem ihrer Meinung nach eben doch auch Geflügel gehört! Ja, sie erreicht sogar, dass sie nicht nur bei diesem Abt von der Regel ausgenommen wird, sondern auch bei jedem nachfolgenden.

Juttas strenge Askese fordert ihren Tribut. Im November 1136, mit vierundvierzig Jahren, erkrankt sie schwer. Ihr Körper ist zu schwach, um sich der Krankheit zu widersetzen. Die Mönche ahnen das nahende Ende und erteilen täglich die Kommunion. Die Nachricht von ihrer Krankheit wiegt schwer im Kloster. Viele Menschen stehen an ihrem Lager und weinen, bis Jutta sie schließlich bittet, aufzuhören, damit sie ungehindert sterben kann.

Es ist der 22. Dezember, als Glockengeläut die Mönche herbeieilen lässt, um Jutta ein letztes Geleit zu geben.

Jutta von Sponheim, erste Magistra vom Disibodenberg, stirbt zum Gesang der Liturgie und gibt ihre Seele zurück in Gottes Hand.

Hildegard ist nahe bei ihr. Jutta hat noch zu Lebzeiten Anweisungen gegeben, wie nach dem Tode mit ihrem Körper verfahren werden soll. Nicht alle Schwestern sollen sie zum Waschen entkleiden, nur Hildegard und zwei weitere Frauen verrichten hinter verschlossenen Türen die Vorbereitungen zur Beisetzung. Mit Entsetzen entdecken sie die Furchen, die die Ketten in Juttas Körper gegraben haben!

Hildegard, die ihrer Lehrmeisterin immer treu ergeben war, hat Mühe, dem geschundenen Körper die ihm gebührende Achtung entgegenzubringen. In ihr keimt eine tiefe Abneigung gegen die zerstörerischen religiösen Prinzipien, welche die Magistra ihr zeitlebens vorgelebt hat.

Als Jutta von Abt Kuno unter Tränen beigesetzt wird, zeigt sich noch einmal das Ausmaß ihrer Bekanntheit. Viele sind gekommen, um dem feierlichen Begräbnis beizuwohnen. Gläubige aller Schichten – ob Handwerker, Bauer, Adeliger oder einfache Magd –, alle kommen, um den Tod der verehrten Magistra zu beweinen.

Auch Hildegards Trauer ist tief, trotz der Differenzen in der Ausübung der Regeln. Sie fühlt sich alleine unter all den Brüdern und Schwestern, die von ihrer Eigenart, von ihren Selbstzweifeln und Ängsten nichts wissen. Hildegards Herz ist erfüllt von Schmerz um den Tod der Frau, die ihr nahestand wie eine Mutter.

Jetzt gibt es nur noch einen, der in das Geheimnis ihrer Schau eingeweiht ist: der Mönch Volmar.

3. Kapitel

Hildegards Berufung

Hildegard findet nur schwer in ein normales Leben zurück. Sie isoliert sich von der übrigen Klostergemeinschaft, ist misstrauisch. Später beschreibt sie, dass sie suchen musste, wem sie vertrauen und wen sie festhalten konnte.

Seit Juttas Tod hat sich vieles verändert. Das Verhältnis zu den Mönchen ist angespannt, es passieren Dinge, die Jutta nicht gerne gesehen hätte.

So hatte sie verfügt, nicht an einem heiligen Ort begraben zu werden, sondern dort, wo sie täglich von allen Durchgehenden mit Füßen getreten würde. Ein Ausdruck ihrer gelebten christlichen Demut. Sie, die sich zu Lebzeiten fürsorglich um körperlich und seelisch Kranke kümmerte, wollte auch nach ihrem Tod für die Menschen erreichbar sein, die ihre Hilfe benötigen.

Aber die Mönche haben kein Interesse daran, ihrer Verfügung nachzukommen. Sie beerdigen Jutta zwar außerhalb der Kirche im Kapitelsaal. Um aber an diesem Ort die Ruhe zu bewahren, verwehren sie Außenstehenden wie auch Juttas Mitschwestern den Zutritt.

Die eigene Magistra, unzugänglich abgetrennt von den trauernden Nonnen – das kann nicht Gottes Wille sein! Unmut regt sich bei den Frauen, auch Hildegard ist empört. Aber noch ist sie zu scheu, um sich gegen den eigennützigen Beschluss der Mönche aufzulehnen.

Plötzlich beginnt aus Juttas Grab ein Wohlgeruch zu strömen. Die Mönche sehen es als ein Zeichen ihrer Hei-

ligkeit und verlegen die verstorbene Magistra vom Disibodenberg an einen würdigeren Platz: in die Marienkapelle,
vor den Hauptaltar im Chor- und Klausurbereich, der allerdings ebenfalls der Öffentlichkeit nicht zugänglich ist.

In einer anderen Sache aber hält Abt Kuno sich an Juttas Anweisungen: Hildegard, ihre treue, fleißige und tu-
gendhafte Schülerin, soll Nachfolgerin werden. Jutta, die
ein sicheres Gespür für Menschen besaß und die Zukunft
des Frauenkonvents sichern wollte, hatte großes Vertrauen in Hildegards Fähigkeiten als Lehrmeisterin und
Leiterin – im Gegensatz zu Hildegard selbst.

Noch im Dezember 1136, mit 38 Jahren, wird Hildegard gegen ihren Willen einstimmig von ihren Schwestern
zur zweiten Magistra vom Disibodenberg gewählt.

Für Hildegard ist es eine große Bürde, der sie sich lieber
entziehen möchte. Sie ist ganz anders als die asketische,
überaus gebildete und kommunikative Jutta. Die Erwar-
tungen sind zudem hoch. Das Kloster Disibodenberg ist
zu einem großen Anziehungspunkt für Ratsuchende geworden. Würde Hildegard diesen Standard halten können? Würde ihr Konvent mit all den Frauenklöstern ver-
glichen werden, die in den letzten Jahren erbaut und von
starken Äbtissinnen erfolgreich geleitet wurden?

In Andernach am Rhein liegt das Kloster der Magistra
Tenxwind, die – ebenso wie Jutta – radikale Askese vor-
lebt. Ihre Vorstellungen von harter geistiger Arbeit, die
in den Schreibstuben kostbare Bücher und Musikstücke
entstehen lassen, sind so beliebt, dass der Bischof die
Zahl der Nonnen auf hundert begrenzen muss.

Das aber ist nicht der Weg, den Hildegard beschreiten
möchte; strenge Askese lehnt sie entschieden ab. Man hat
sie gewählt, weil sie das benediktinische Mittelmaß verkörpert, welches vorgibt, weder zu streng noch ausschweifend

zu sein. Und wegen ihrer großen Frömmigkeit und Sanftmut, mit der sie manche Dinge einfach aussitzt, bis Gott ihr ein Zeichen gibt.

Hildegard ist nicht in der Lage, an der Stelle weiterzumachen, an der Jutta aufgehört hatte. Zwei Jahre lang harrt sie aus, leitet ihre Schülerinnen an, ohne darüber hinaus erkennen zu lassen, welche Richtung sie für die Zukunft des Frauenkonvents einschlagen will.

Eine Richtung zu finden ist in diesen Zeiten nicht einfach. Unterschiedliche Glaubensströmungen prallen aufeinander, selbst unter benediktinischen Klöstern gibt es Meinungsverschiedenheiten in der Auslegung der Regeln.

In Burgund liegt das angesehene Benediktinerkonvent Cluny, dessen Arbeit bislang als vorbildlich galt und nun vom Kloster Citeaux angefeindet wird, deren Gründer ehemalige Mönche von Cluny sind.

Cluny gegen Citeaux. Das bedeutet Luxus gegen Armut, Beten gegen Arbeit.

Die Cluniazenser haben den liturgisch-kontemplativen Teil derart ausgedehnt, dass für die Handarbeit, Teil der benediktinischen Regel, keine Zeit mehr bleibt. Das erledigen Bedienstete, Unfreie, die im Kloster wie auch auf den zugehörigen Feldern für die Mönche arbeiten. Die 1450 Klöster der cluniazensischen Klosterfamilie, die dem Abt von Cluny in einer Art monarchischen Verfassung unterstehen, sind von Adeligen, die für ihr Seelenheil sorgen wollen, reich beschenkt worden. Cluny selbst besitzt das größte Gotteshaus der abendländischen Christenheit, viel größer als Sankt Peter in Rom. Die Mönche leben in liturgischem Pomp, weit entfernt von den ursprünglichen Idealen des Mönchtums, ausufernd in Essen, Trinken und Sitten.

Selbst die Lager im Dormitorium bestehen nicht aus

den üblichen einfachen Strohsäcken, es gibt kostbare Fell- und Stoffdecken, sogar Kopfkissen mit Federn.

Die Mönche von Citeaux hingegen, sogenannte Zisterzienser, propagieren den wahren Weg Benedikts, zurück zu den alten Werten. Sie fordern mehr Askese, mehr Arbeit und mehr Armut. Ihre Kirchen sind schmucklos, ohne jeden Prunk. Dem extremen Armutsideal folgend, schlafen sie angekleidet und auch im eisigen Winter auf nackten Steinfußböden.

Zisterzienser lehnen die Herrschaft über andere Menschen ab und führen eine klösterliche Autonomie ein, in der die Mönche von ihrer Hände Arbeit leben sollen. Es ist eine radikale Absage an irdische Verpflichtungen und politische Einflussnahme, eine Rückbesinnung auf die religiöse Innenschau.

Um ihre Abgrenzung auch nach außen hin deutlich zu machen, kleiden sie sich statt in benediktinisches Schwarz in grobe, naturfarbene Kutten, die durch häufiges Waschen weiß werden.

Größter Verfechter der Reformbewegung ist der hagere Bernhard von Clairvaux, jener Abt, der durch seine Askese und Selbstkasteiung großen Zuspruch findet und auch die verstorbene Jutta für sich eingenommen hatte. Auch Hildegard bleibt der wachsende Einfluss des Mannes nicht verborgen. Nur wenige Jahre später wird er ihr Leben auf unerwartete Weise beeinflussen.

Der Streit der Glaubensrichtungen gipfelt in einem polemischen Briefwechsel zwischen Abt Petrus Venerabilis von Cluny und Abt Bernhard von Clairvaux, der sich streitlustig für die Reformen der Zisterzienser einsetzt.

Der Einfluss der Cluniazenser schwindet. Die mitreißenden Predigten und die charismatische Art des Bernhard von Clairvaux, dem »Fischer Gottes im Auftrag des Herrn«, finden dagegen eine breite Unterstützung.

Während die zerstrittenen Mönche um die Anerkennung ihres Heilsweges und damit um die Existenz kämpfen, schreitet auf dem Disibodenberg der Bau der neuen Abteikirche stetig voran. Mehrere Altäre entstehen, die nach Abschluss jedes Bauabschnittes feierlich geweiht werden.

Auch andere Gebäude werden nach und nach fertig gestellt: der Küchentrakt mit seinem über vier Meter hohen Backofen, die Kapelle des neuen Gästehauses.

Hildegard erlebt neben den festlichen Weihen einen ruhigen Alltag zwischen Beten und Lehren, dem Empfangen von hohen Gästen und den Gesprächen mit Pilgern und Ratsuchenden.

Es gibt jedoch etwas, das ihr sehr zu schaffen macht: Die Visionen, die sie regelmäßig erhält, werden mehr und mehr zur Qual. Immer stärker sind sie mit Krankheiten verbunden.

Erst 1141, im Alter von zweiundvierzig Jahren, wird ihr die Verantwortung hinter der Gabe bewusst. In einer Vision erhält sie einen Auftrag, der deutlicher nicht sein könnte: Scribe, qui vides et audis – Schreibe, was du siehst und hörst!

Begleitet ist diese Aufforderung von einer gewaltigen Schau, die alles bisher Erlebte übertrifft. »Aus dem offenen Himmel fuhr blitzend ein feuriges Licht hernieder. Es durchdrang mein Gehirn und setzte mein Herz und die ganze Brust wie eine Flamme in Brand«, beschreibt Hildegard später, was sie erlebte. »Und plötzlich erhielt ich Einsicht in die Schriftauslegung, in den Psalter, die Evangelien und die übrigen katholischen Bücher des Alten und Neuen Testaments.«

Sie ist wach dabei, bei klarem Verstand. Wahre Bilderfluten erscheinen in ihrem Inneren, obwohl sie die Augen dabei offenhält. Die Schau erfüllt all ihre Sinne: das Sehen und Hören, Riechen und Schmecken, das Ertasten und

Begreifen. In einer riesigen Bilderspirale empfängt sie die gesamte Schönheit Gottes.

Hildegard ist verunsichert. Wie soll sie den Auftrag ausführen? Eine Nonne sollte demütig sein, bescheiden. Es ist einer Frau nicht erlaubt, die Bibel öffentlich auszulegen. Göttliche Eingebungen aufzuschreiben und zu verkünden ist schlicht undenkbar!

Hildegard schämt sich, hat Angst – vor dem Urteil der Menschen, vor dem, was auf sie zukommen könnte. Wie sollte sie, schwache und immerzu kränkelnde Frau, jemals eine derart wichtige Mission erfüllen? Nur ein falscher Schritt, nur ein missverstandenes Wort, und die Exkommunizierung ist ihr sicher. Doch je länger sie zögert, desto schlimmer werden ihre Schmerzen.

Hilfesuchend wendet sie sich an Volmar und ist überrascht, als er ihr rät, ihre Visionen im Verborgenen aufzuschreiben. Volmar ist ein sensibler, einfühlsamer Mann, seit vielen Jahren weiß er um Hildegards Begabung und ihre Scheu, sie auszudrücken. Er zweifelt nicht an der Herkunft der Visionen, er möchte sie lesen und dann entscheiden, was zu tun ist.

Hildegard befolgt seinen Rat. Kaum hat sie damit begonnen, ihre Visionen in Wachstafeln zu ritzen, sind die Schmerzen, die sie so lange gequält haben, verschwunden, und sie verspürt eine Vitalität, wie nie zuvor.

»Ergieße dich wie ein überfließender Quell«, notiert Hildegard, »verströme dich in geheimnisvoller Lehre, damit durch den Erguss deiner Flut jene aufgeschreckt werden, die dich wegen der Übertretung Evas mit Verachtung strafen möchten. Denn du erhältst diesen in die Tiefe dringenden Scharfblick nicht von einem Menschen, sondern du empfängst ihn vom himmlischen furchterregenden Richter aus der Höhe ... Erhebe dich also, rufe und verkünde, was dir kraft mächtigen göttlichen Beistands offenbart wird.«

Der Anspruch ist hoch. Was Hildegard von Gott erfährt, übertrifft alles, was die alten Propheten je sehen durften.

Voller Vertrauen lässt Hildegard sich vom göttlichen Diktat leiten, entwickelt ein starkes prophetisches Selbstbewusstsein, in dem sie nichts auslässt und alles weitergibt, wie es ihr eingegeben wird.

Sie nennt das Werk »Scivias« – Wisse die Wege, so, wie es ihr in einer Schau genannt wurde. Es ist, als wäre ein Damm gebrochen, der all die seit Jahren aufgestauten Bilder und Worte hervorbrechen lässt. Hildegard schreibt von der Schöpfung, der Erschaffung der Menschen und vom Sündenfall. Vom Verhältnis des Menschen zum Universum und zu Gott, von der Erlösung durch Christus und die Kirche.

Erkenntnisse des Alten und Neuen Testaments mischen sich mit dem Wissen fremder Kulturen, lassen Kosmos und Heilsgeschichte ineinanderfließen.

Die Niederschrift folgt einem Prinzip: Zunächst beschreibt Hildegard die empfangenen Bilder, um sie anschließend prosaisch zu kommentieren.

Volmar wird zu ihrem Mitwisser, er überträgt die Schriften der Wachstafeln auf Pergament und korrigiert sie nach den Regeln der Grammatik. Es ist nicht einfach, die Bilderfülle in geordnete Worte zu fassen. Hildegard sieht Dinge, für die es noch keine lateinische Entsprechung gibt. Sie muss umschreiben, auf anderem Wege verdeutlichen, neue Wortgebilde erfinden, welche die erhaltenen Bilder annähernd beschreiben. So klingt manches holperig und unbeholfen, doch sie entscheidet sich, nichts von der Gewalt des Ursprünglichen zu verändern. Es entsteht eine ganz eigene Sprache mit starkem Bilderreichtum.

Später wird ihr diese eigentümliche Sprache immer

wieder vorgeworfen. Hildegard selbst entschuldigt ihr ungefeiltes Latein und den ungeschliffenen Stil mit ihrer mangelnden Schulbildung.

Volmar ist begeistert von den Schriften, und er ist der Meinung, dass dieses Werk an die Öffentlichkeit kommen muss, so wie Gott es gewünscht hat.

Aber wie? Für eine Frau ist es unziemlich, in der Öffentlichkeit zu predigen. Würde man Hildegard unterstellen, eigene Worte unter dem Deckmantel der Visionen in die Welt zu tragen, wäre Gottes Auftrag zum Scheitern verurteilt.

Es konnte nur einen Weg geben: Hildegard muss immer wieder in christlicher Demutstradition ihr Unwissen und die Unkenntnis der theologischen Schriften beteuern. Wodurch sie folglich nur eine leere Hülle ist, die kein eigenes Wissen mit dem Empfangenen vermischen kann.

Ein kluger Schachzug. Denn er bewahrt Hildegard vor der Verbannung. Stattdessen hat sie jetzt alle Freiheiten. Sie ist nur das Instrument, die Posaune Gottes. Er ist es, der durch sie spricht, und daher geschieht alles, was sie tut – und sei es auch noch so ungebührlich für eine Frau – in seinem Auftrag.

So kann Hildegard auch immer wieder von der »umarmenden Mutterliebe Gottes« und den weiblichen Dimensionen in Gott schreiben, was zu dieser vorwiegend männlich bestimmten Zeit ungeheuerlich ist!

Auch an anderen Grundfesten wird gerüttelt: Nicht Eva, sondern der Teufel ist schuld an der Vertreibung aus dem Paradies: »Denn an diesem lieblichen Ort machte er sich an Eva heran, die ein unschuldiges Herz besaß ... Sie wollte er durch die verführerische Schlange zu Fall bringen. Weshalb? Weil er wusste, dass die Empfänglichkeit der Frau leichter zu besiegen ist als die männliche Stärke.«

Der Sündenfall, Evas ewiger Makel, wird nachsichtig beurteilt. Ein großer Schritt, um die Stellung der Frau gegenüber der traditionellen theologischen Lehre aufzuwerten.

Der Mensch steht in Hildegards Visionen nicht mehr einem strengen strafenden Gott gegenüber. Nein, Gott ist eine liebende Kraft und in all dem sichtbar, was der Mensch in der Natur erblickt. Der Mensch selbst wird von der Kraft der Natur und allem, was darin lebt, so stark umfangen, dass er von Gott gar nicht getrennt sein kann. Im Gegenteil: »Gott der Vater blickt ... in gütiger Absicht auf sein Werk ... wie ein Vater seine Kinder anschaut, wenn er sie auf den Schoß hebt.«

Die Hildegard-Forschung ist sich seit langem darüber im Klaren, dass Hildegards zahlreiche Versicherungen ihrer Ungelehrtheit nur dazu dienen, um als einfache, von Gott belehrte Prophetin zu gelten. Dass Hildegard jedoch über eine theologische Bildung verfügte und sich in der Tradition und dem Geistesleben ihrer Zeit auskannte, steht heute in der Forschung fest.

Allein zum Vollzug des Offiziums und der Liturgie musste ein Grundverständnis in der lateinischen Sprache vorhanden sein. Auch Hildegards Werke, die sie nach rund dreißig Jahren Klosterleben schrieb, geben Hinweise darauf, dass sie die Bibel, die Schriften der Kirchenväter und mittelalterlicher Autoren ausgiebig studiert haben muss, bedient sie sich doch darin enthaltenen Formulierungen.

Es darf auch nicht vergessen werden, dass Hildegard aus einer adeligen Familie stammt, deren Frauen als gebildet galten und bei denen das Lesen der Heiligen Schrift zur Ausbildung der Töchter selbstverständlich dazugehörte. Jutta von Sponheim, aus deren Vita wir wissen, dass sie in ihrer Jugend eine solche Ausbildung erhalten hat und später als Magistra des Schreibens mächtig war, gab ihr Wissen

freimütig an ihre Schülerinnen weiter, so auch an Hilde-
gard.

Es gilt inzwischen als gesichert, dass Hildegard ihr Un-
wissen betonte, um dem göttlichen Ursprung ihrer Botschaf-
ten mehr Bedeutung zu verleihen. Indem sie sich als ein
schlichtes Gefäß bezeichnet, das Gott für die Fülle seiner
Gnade wählte, konnte sie die Prophezeiungen unabhängig
von ihrer eignen Person darstellen und somit jede Kritik an
den Worten Gottes verhindern.

Nun wird auch Abt Kuno eingeweiht, der wiederum berät
sich mit seinen Mönchen. Die Aufregung ist groß, alle sind
sich einig, dass Hildegard eine besondere Gabe innewohnt.
Der Abt macht ihr Mut, das Buch zu vollenden, und stellt
ihr die junge Nonne Richardis, eine hochbegabte Adelige,
als Helferin für die Schreibarbeiten zur Seite.

Inzwischen ist auch die Abteikirche fertig. Ende September 1143 wird sie vom Mainzer Erzbischof Heinrich
dem Evangelisten Johannes geweiht. Zu diesem Anlass
werden die Gebeine des heiligen Disibod in der neuen
Kirche beigesetzt.

Bei dieser Gelegenheit erfährt auch der Erzbischof von
Hildegards göttlichen Visionen und dem entstehenden
Werk. Er ist erstaunt und lässt sich die inzwischen zahlreichen Pergamentseiten zeigen. Zurück in Mainz be-
spricht er den Fall mit seinen Vertrauten. Überzeugt davon, dass diese Gabe gefördert werden muss, ermuntert
er Hildegard, ihre Arbeit fortzusetzen.

Zur selben Zeit wählt Rom einen neuen Papst: Eugen III.,
ein weltabgewandter, misanthroper Mensch, ehemaliger
Zisterziensermönch unter Abt Bernhard von Clairvaux. In
Rom herrscht Bürgerkrieg. Papst Eugen III. ist nicht bereit, die altrömische Verfassung anzuerkennen, und muss

vor den Unruhen immer wieder vorübergehend nach Frankreich fliehen.

Im Herbst 1145 trifft in Rom eine Delegation von Königin Melisinde von Jerusalem ein, mit der Bitte um Unterstützung: Die Grafschaft Edessa, einer der vier Staaten, die im letzten Kreuzzug eingenommen wurden, ist nach einer arabischen Gegenoffensive verloren. Alle fränkischen Christen, die sich dort angesiedelt hatten, sind brutal niedergemetzelt worden. Nun sind das Fürstentum Antiochia und die Landwege zum Heiligen Land unmittelbar gefährdet, es muss dringend etwas geschehen, wenn Jerusalem nicht verlorengehen soll.

Auch der französische König Ludwig VII. ist informiert worden und erklärt auf dem Hoftag in Bourges seine Absicht zum Kreuzzug.

Der Papst, der bereits vor der offiziellen Gesandtschaft von der Situation wusste, reagiert umgehend. Denn der Aufruf zum Kreuzzug ist päpstliche Tradition, nicht die der Könige.

Am 1. Dezember 1145 ruft Papst Eugen III. mit einer päpstlichen Bulle zum Kreuzzug auf. Bernhard von Clairvaux, den brillanten Redner und inzwischen weit über die Grenzen hinaus einflussreichen Mann, beauftragt er, den Kreuzzug zu predigen. Dieser übernimmt den Auftrag nach anfänglichem Widerstand, er hält nicht viel von Reisen in ferne Länder, verbietet er doch selbst seinen Mönchen die Pilgerfahrt ins Heilige Land. Erst als mehrere Aufforderungen in Clairvaux eintreffen, kann er sich dem Auftrag nicht mehr entziehen.

1146 ruft Bernhard von Clairvaux in einer Reihe mitreißender Predigten zum Kreuzzug gegen die Ungläubigen im Heiligen Land auf.

»Leben ist schön, Siegen bringt Ruhm, aber noch besser ist es, als Heilige zu sterben. Selig sind die, die im

Herrn sterben, aber noch seliger sind die, die für ihn sterben.«

Die Zeit der Buße ist angebrochen, ruft Bernhard den Menschen zu und verspricht mit dem Zug ins Heilige Land die Reinigung der Seele von allen Sünden.

Unter dem überwältigenden Eindruck seiner Worte nimmt auch der deutsche König Konrad III. das Kreuz, obwohl er sich ursprünglich enthalten wollte. Wie leicht gibt man in dieser Zeit den augenblicklichen Stimmungen nach, und nachdem der König einmal zugestimmt hat, kann er nicht mehr zurück.

Es ist das Jahr 1147, als die Teilnehmer des zweiten großen Kreuzzuges, mit Stoffkreuzen auf der Kleidung als Zeichen der »bewaffneten Pilgerfahrt«, von Konstantinopel aus losziehen.

Währenddessen arbeitet Hildegard an der Niederschrift ihrer Visionen. Sie hätte in aller Ruhe an ihrem Werk arbeiten können, gestützt von Mentoren wie Volmar und Abt Kuno und wohlwollend betrachtet vom Mainzer Erzbischof. Aber von Rom kommen beunruhigende Nachrichten: Die 1139 beim zweiten Laterankonzil beschlossenen Vorschriften für Frauen setzen sich immer mehr auch in Deutschland durch.

Die Beschneidung der in den letzten Jahren gewachsenen Freiheit ist ein öffentlich gemachtes Ziel. Die strenge Klausur der Frau und ihre totale Abgeschiedenheit von der Welt werden verlangt, ansonsten sei sie in ihrem tugendhaften Leben aufs Höchste gefährdet. Das häusliche Leben in religiösem Habit, wie es die fromme Witwe Uda von Göllheim lebte, ist fortan untersagt. Zudem dürfen Nonnen künftig nicht mehr gemeinsam in der Kirche mit den Mönchen die Psalmen singen.

Noch werden die Beschlüsse im Kloster Disibodenberg

nicht durchgesetzt, aber der Ruf nach stärkerer Einengung des Frauenkonvents wird lauter.

Was mit der Missachtung von Juttas Wünschen begann, wird hier im Aufruf nach Beschneidung der von den Nonnen mühsam errungenen Freiheiten immer deutlicher: Die Differenzen zwischen den Mönchen und Nonnen sind groß und nehmen stetig zu.

Auch die Begeisterung über Hildegards Gabe lässt nach, erste Kritiker melden sich zu Wort. Hildegard, überaus beschäftigt mit dem Tagespensum an Beten und Singen sowie mit der Niederschrift ihrer Visionen, kann die kommunikative Arbeit einer Magistra, wie Jutta es getan hatte, nicht erfüllen.

Und ist das, was aus ihrer Feder fließt und immer wieder auch mahnend an die Mönche gerichtet ist, auch wirklich von Gott? Steht es einer Frau zu, eine solch gewichtige Aufgabe auszuführen?

Der Druck wird immer stärker. Hildegard sieht ihr Werk in Gefahr, sie muss jemanden an ihre Seite holen, der von aller Welt verehrt und akzeptiert wird: Bernhard von Clairvaux. Auch wenn Hildegard seinen Reformgedanken ablehnt, der Jutta das Leben gekostet hat. Es geht jedoch nicht um sie, nicht um ihre persönlichen Ansichten. Ihr gottgegebener Auftrag ist in Gefahr. Sie muss Bernhard schreiben, ihn um Unterstützung bitten.

Es ist allerdings riskant. Nur wenig zuvor hat Bernhard einen Mann, der anders dachte als er, exkommunizieren lassen. Was, wenn er abschlägig über ihren Brief urteilt? Aber dieser Mann ist mächtig. Sein Wort zählt. Hildegard kann nicht zögern. Sie muss für die Erfüllung der Mission kämpfen – mit Worten und mit Taten. Gerade jetzt, in einer Zeit der Unruhe und des Unfriedens, in der sich die Menschen immer stärker von den Tugenden entfernen, sind die Schriften Gottes wichtig wie nie zuvor!

Was wäre klüger, als die Kritiker mit einem Freibrief des überall geachteten Bernhard von Clairvaux verstummen zu lassen? Der ebenso für die Einhaltung der Tugenden zur Rettung der Seelen kämpft?

Im Jahr 1147, nachdem Hildegard sechs Jahre an »Scivias« gearbeitet hat und da die Vollendung noch nicht in Sicht ist, schreibt sie einen überaus demütigen Brief an jenen Bernhard von Clairvaux, der gerade in Deutschland zum heiligen Krieg aufruft. In diesem Brief bittet Hildegard ergeben um wohlwollende Worte des prominenten und einflussreichen Abts.

»Verehrungswürdiger Vater Bernhard, wunderbar stehst du da in hohen Ehren aus Gottes Kraft ... Ich bitte dich, Vater, beim lebendigen Gott, höre mich, da ich dich frage.

Ich bin gar sehr bekümmert ob dieser Schau, die sich mir im Geiste als ein Mysterium auftat ... Ich, erbärmlich und mehr als erbärmlich in meinem Sein als Frau, schaute schon von meiner Kindheit an große Wunderdinge ...

Milder Vater, du bist so sicher, antworte mir in deiner Güte, mir, deiner unwürdigen Dienerin, die ich von Kindheit an niemals in Sicherheit lebte, nicht eine einzige Stunde. Bei deiner Vaterliebe und Weisheit forsche in deiner Seele, wie du im Heiligen Geist belehrt wirst, und schenke deiner Magd aus deinem Herzen Trost.

Ich weiß nämlich im Text den Sinn der Auslegung des Psalters, des Evangeliums und der anderen Bücher, der mir durch diese Schau gezeigt wird. ... Ich kann nur in Einfalt lesen, weiß aber nicht den Text zu zergliedern. So antworte mir: Was dünkt dich von alledem? Ich bin ja ein Mensch, der durch keinerlei Schulwissen über äußere Dinge unterwiesen wurde. Nur innen in meiner Seele bin ich unterwiesen. Deshalb spreche ich wie im Zweifel. Aber da ich von deiner Weisheit und Vaterliebe höre, werde ich getröstet. Denn keinem Menschen wagte ich es zu sagen ... nur einem Mönche, den ich geprüft und in seinem klösterlichen Wandel erprobt gefunden habe ...

Um der Liebe Gottes willen begehre ich, Vater, dass du mich tröstest. Dann werde ich sicher sein.

Ich sah dich vor mehr als zwei Jahren in dieser Schau als einen Menschen, der in die Sonne blickt und sich nicht fürchtet, sondern sehr kühn ist. Und ich habe geweint, weil ich so sehr erröte und so zaghaft bin.

Gütigster Vater, mildester, ich bin in deine Seele hineingelegt, damit du mir durch dein Wort enthüllst, ob du willst, das ich dies offen sagen oder mit Schweigen bewahren soll.«

Der Brief ist demütig und schmeichlerisch, der einzige Weg, um diesem vielbegehrten Mann eine wohlwollende Antwort zu entlocken. Denn ein Wort von Berhard gegen ihre Visionen, eine Aufforderung, darüber zu schweigen, hätte katastrophale Folgen. Niemand – auch nicht der Erzbischof persönlich – könnte dann noch ein Scheitern der Mission verhindern.

Hildegard erniedrigt sich nicht aus Verunsicherung oder dem Verlangen nach Ermunterung, nein. Die Demut ist geplant, denn wer sollte die Visionen einer Frau fürchten, die armselig und unterwürfig Bernhards Pracht und Weisheit anerkennt?

Aus genau diesem Grund darf in dem Brief auch nur der Mönch als Mitwisser erwähnt werden, nicht der Abt und schon gar nicht der Erzbischof, die alle eingeweiht sind und gespannt auf die Fortsetzung warten.

Alle Hoffnung liegt auf einem Freibrief, um nicht von den Kritikern, die immer lauter werden, am Schreiben des »Scivias« gehindert zu werden.

Eine Weile wartet Hildegard sehnsüchtig auf einen positiven Bescheid, und als Bernhard von Clairvaux nicht gleich antwortet, fragt sie noch einmal ebenso unterwürfig nach, um die Dringlichkeit ihres Anliegens zu unterstreichen.

Die Antwort des Bernhard von Clairvaux ist dürftig. Er weist kurz darauf hin, dass er ein vielbeschäftigter Mann sei und nicht viel Zeit für einen Briefwechsel habe. Dann hüllt er sich in kurze Floskeln: »Wir freuen uns mit dir über die Gnade Gottes die in dir ist ... Im Übrigen, was sollen wir noch lehren oder ermahnen, wo schon eine innere Unterweisung besteht und eine Salbung über alles belehrt?«

Es ist das Zeugnis eines misslungenen Versuchs, einer Bitte um Unterstützung in einer unsicheren Zeit.

Nun ist alles offen. Werden Hildegards Visionen den Weg aus dem Kloster finden? Oder werden die Kritiker aus den Reihen der Mönche eine Fortsetzung der Arbeit verhindern?

Es wird kein weiterer Brief folgen. Hildegard, Magistra von Disibodenberg, und Bernhard von Clairvaux sind sich niemals persönlich begegnet.

Schon ein Jahr später klingen Hildegards Briefe völlig anders. Nie wieder hat sie sich so demütig und untergeben dargestellt wie in diesem ersten Brief an Bernhard.

4. Kapitel

Entscheidung auf der Synode in Trier

Hildegards Werke wären wohl niemals aus der dunklen Schreibkammer ans Licht der Öffentlichkeit gekommen. Ein Ereignis jedoch sollte das Leben der Magistra von Grund auf verändern. Man kann es Zufall nennen, Schicksal oder göttliche Fügung. Aber es wird in die Geschichte eingehen und noch Jahrhunderte später die Menschheit tief prägen.

Es ist das Jahr 1147, im November. Erzbischof Adalbero von Trier bereitet sich auf einen besonderen Gast vor, der die Stadt für die nächsten drei Monate in einen Ausnahmezustand versetzen soll: Papst Eugen III., seit Monaten auf päpstlicher Reise durch Frankreich, wird auf der Synode von Trier erwartet.

Achtzehn Kardinäle haben sich angekündigt, zahlreiche Bischöfe aus Deutschland, Frankreich, England und Italien. Auch der einflussreiche Bernhard von Clairvaux, der noch kurz zuvor den Papst in seinem Kloster beherbergt hatte, nimmt an dem Kirchentreffen teil.

Als der Papst am 29. November in der Stadt an der Mosel eintrifft, wird er festlich empfangen. Ein straffes Programm wartet auf ihn. Das Volk will ihn sehen, der Heilige Vater muss feierlichen Messen und Prozessionen beiwohnen. Die neuerrichteten Kirchen St. Paulin und St. Matthias warten auf die päpstliche Einweihung. Kirchenpolitische Entscheidungen müssen besprochen, Gedanken mit den kirchlichen Würdenträgern ausgetauscht werden.

Auch der Kreuzzug ist ein Thema und sorgt für beunruhigenden Gesprächsstoff.

Im Rheinland konnte durch das beherzte Eingreifen des Bernhard von Clairvaux gerade noch verhindert werden, dass das aufgestachelte Volk die ansässigen Juden als Ungläubige verfolgt und im Namen Gottes tötet. Zu frisch waren die Erinnerungen an die Grausamkeiten des ersten Kreuzzuges, der seine blutige Spur auch durch Deutschland zog.

Das Heer des deutschen Königs Konrad III. war auf den Wegen des glorreichen ersten Kreuzzugs quer durch Kleinasien gezogen und erlitt vor Doryläum eine vernichtende Niederlage. Mehr als drei Viertel des deutschen Heeres wurde niedergemetzelt. Auch die Pilger unter Leitung des Bischofs Otto von Freising mussten nach furchtbaren Verlusten umkehren. Gab es noch einen Weg, das Wort Christi ins Land der Ungläubigen zu bringen?

Noch will niemand den heiligen Krieg aufgeben und erkennen, was das dunkelste Kapitel der Kirchengeschichte mit Zwangstaufe und Blutvergießen im Zeichen des Kreuzes an Mensch und Weltgefüge anrichtet. Es wäre ein erheblicher Verlust für das Ansehen des Bernhard von Clairvaux, der den Kreuzzug mit seiner visionären Begeisterung so vehement vorangetrieben hat.

Und noch ein Thema wird für Unruhe gesorgt haben: Die Zeichen mehren sich, dass der Weltuntergang bevorsteht. Schon vor dem Kreuzzug hatten Sternendeuter einen unheilverkündenden Kometenschweif auf seiner Bahn über den Himmel verfolgen können. Es gab viele Missernten, seit 1145 herrscht eine große Hungersnot. Zudem waren vor Eugen III. drei Päpste innerhalb von zwei Jahren gestorben. Wer wollte nicht daran glauben, dass all das Anzeichen für die nahende Endzeit sein könnte?

Die krisengeschüttelte Bevölkerung tut es. Himmelsbriefe kursieren, die vom Engel Gabriel überbracht worden sein sollen. Die Weltuntergangspredigten des Mönches Radulf stoßen auf Gehör, und in der Bretagne hält sich ein offenbar geistesgestörter Wundertäter, Eon von Stella, für den wiederkehrenden Christus der Apokalypse und zieht von der Kirche enttäuschte Massen in seinen Bann.

Dass das Ende der Welt nicht mehr weit ist, liegt für alle Anwesenden der Synode stets im Bereich des Möglichen, ist Teil des alltäglichen Gedankenguts dieser Zeit. Die Welt ist verdorben, gefährlich und verschlechtert sich. In den Berichten vom jenseitigen Leben sind die Höllen- und Fegefeuerschilderungen länger und eindrucksvoller als die der Himmelssphären. Und wer hat da nicht Angst, nach einem Leben voller Versuchungen im Höllenfeuer zu landen!

Aber ist der Anbruch der letzten Tage wirklich schon so nahe?

Inmitten dieser besorgniserregenden Neuigkeiten legt Abt Kuno von Disibodenberg dem Erzbischof Heinrich von Mainz einen Teil der von Hildegard verfassten Schriften vor. Der Erzbischof vertraut sie Papst Eugen III. an, verunsichert, wie er weiter in diesem Fall vorgehen soll.

Die vorgelegten Schriften geben Hoffnung, sprechen von einem barmherzigen Gott, der den Menschen zu himmlischen Herrlichkeiten führt und Aberglauben ablehnt.

All das, was für den Menschen unbegreiflich und zuweilen auch bedrohlich erscheint, wird im göttlichen Zusammenhang erklärt. Glaubte man bisher, der Himmel sei ein riesiger Wasserozean, der nur von einer Glasschale zurückgehalten wird, die manchmal Löcher bekommt und Wasser hindurchlässt, so sagen die Visionen der Hildegard nun Tröstliches: Der Regen ist das Wasser der Taufe, die dem Gläubigen Heil bringt, und wenn es regnet, geschieht es aufgrund göttlicher Eingebung.

Die nahende Endzeit aber verliert an Bedrohlichkeit, wenn man sich der Gegenwart widmet und den Weg Gottes in Umkehr und Buße geht. Am Ende steht das bedingungslose göttliche Heil, die Erlösung.

Der Papst ist erstaunt, will wissen, ob es sich bei der Magistra wahrhaftig um eine Prophetin handelt oder nur um eine vorlaute Ketzerin.

Eine hochrangige Kommission wird zum Disibodenberg gesandt, um Hildegards Sehergabe zu prüfen. Der Bischof von Verdun, begleitet von kundigen Geistlichen, soll die Vorgänge möglichst unauffällig und ohne Erregung allgemeiner Neugierde untersuchen.

Hildegard, überrascht von der Ankunft des Kirchenfürsten, beantwortet all die drängenden und forschenden Erkundigungen demütig und gewissenhaft. Keine Frage bleibt offen, kein Zweifel unausgesprochen. Was immer die Geistlichen auch wissen wollen – Hildegards Antworten erfreuen sie und lassen nur einen Schluss zu. So kehrt die Kommission wenig später befriedigt und mit einer ermutigenden Botschaft nach Trier zurück: In der Tat, diese Frau, Magistra vom Disibodenberg, ist eine Seherin. All die Worte und Bilder, die sie empfängt, stammen von höchster Stelle, von Gott selbst.

Papst Eugen III. persönlich macht die versammelten Kirchenfürsten mit dem positiven Ergebnis der Befragung bekannt und liest allen Anwesenden öffentlich aus Hildegards Schriften vor. So etwas hat es noch nie gegeben! Der Jubel ist groß. Abt Bernhard von Clairvaux erhebt sich und fordert den Papst in der ihm eigenen ausdrucksvollen Art auf, Hildegards Gabe durch seine Autorität zu bestätigen, um zu verhindern, dass ein solch hell strahlendes Licht von Schweigen überdeckt würde.

Und das Wunder geschieht: Papst Eugen III. erteilt Hildegard die Erlaubnis, alles zu veröffentlichen, was sie vom Heiligen Geist erfährt, und ermuntert sie, mit dem Schreiben fortzufahren! Das Kloster Disibodenberg erhält ein Glückwunschschreiben, eine derart begabte Visionärin in ihren Mauern beherbergen zu dürfen.

Es ist eine Sensation, die Hildegard mit einem Schlag weit über die Ländergrenzen hinaus bekannt macht. Endlich erhält sie die ersehnte kirchliche Anerkennung. Und zwar von höchster Stelle.

Was für eine Genugtuung! Hat doch ausgerechnet Bernhard von Clairvaux, der sie in höchster Not so dürftig abgefertigt hat, sich so glühend für ihr Werk eingesetzt. Er, der die Frauen meidet und ihnen die Schuld an der schlechten Welt gibt, erkennt eine Magistra als Sprachrohr Gottes an!

»Der Mensch ... ist vom Weibe geboren – nichts Widerlicheres gibt es!«, schrieb Bernhard über das irdische Jammertal. »Mit Elend, wenn er schläft, mit Elend, wenn er wacht, mit Elend, wohin immer er sich wendet.«

Sollte nun ausgerechnet Bernhard von Clairvaux den Ursprung ihrer Visionen anerkennen?

Nur wenig später scheut Hildegard sich nicht, die Reformbewegung Bernhards, deren Ruf nach Askese in eklatanter Weise das benediktinische Gleichmaß überschreitet, von göttlicher Seite her abzustrafen. Die Neuerer, so Hildegard, tragen nicht zum Fortschritt bei, sondern provozieren Stolz, Heuchelei, Eifersucht, Verdruss und Widerspruch gegen die anderen von Gott gestifteten Einrichtungen. »Daher lassen viele von ihnen in großem Hochmut von den aufgestellten Regeln ab, welche die Kirche von den Vätern übernahm. ... Doch strafe Ich (Gott) sie künftig und fälle mein gerechtes Urteil.«

Endlich, zum ersten Mal seit Jahren fühlt Hildegard sich in Sicherheit.

Die Nachricht von dem sensationellen Ereignis auf der Synode von Trier verbreitet sich wie ein Lauffeuer. Von überall her kommen Menschen, um die Prophetin zu sehen und ihren Rat zu suchen. Diejenigen, die die weite Reise nicht auf sich nehmen können, senden Boten mit Briefen.

Adelige Töchter melden sich, um ins Kloster einzutreten und unter Hildegards Leitung zu lernen. Bald besteht der Frauenkonvent aus achtzehn Nonnen, der Platz wird eng. Es wird über eine Vergrößerung diskutiert, damit man all den Frauen ausreichend Raum bieten kann. Hildegard, ermutigt durch die päpstliche Unterstützung, denkt über die Gründung eines eigenen Frauenklosters nach, aber nicht nur aus Platzgründen. Sie muss sich dem engen Zugriff des Benediktinerklosters entwinden, der jede freie Entscheidung unmöglich macht.

Denn obwohl die kritischen Stimmen zu ihren Schriften nach der päpstlichen Ehre verstummt sind, ist die Zeit der aufreibenden Diskussionen nicht vorüber.

Noch immer wird Hildegard vorwurfsvoll darauf hingewiesen, wie vorbildlich ihre Lehrmeisterin Jutta in ihrer strengen Askese und radikalen Religiosität war. Um dies zu verfestigen und auch Hildegards Schülerinnen die wahre Heiligkeit der verstorbenen ersten Magistra vor Augen zu führen, gibt Abt Kuno sogar eine Vita in Auftrag, die »Vita Juttae«.

Hildegard muss sich in all der Gegensätzlichkeit von ihrer verstorbenen Lehrmeisterin lösen, endlich aus ihrem Schatten treten. Sie ist anders, sie ist eine Prophetin. Prophetinnen dürfen ihr Licht nicht unter den Scheffel stellen, sie müssen öffentlich wirken, um gehört zu werden. Und das wird hier, in Abhängigkeit des Kloster Disibodenberg, nicht möglich sein.

Eine ungeheuerliche Überlegung, die auf sofortigen

Widerstand stoßen wird. Hatte Hildegard doch das Gelübde abgelegt, nie mehr das Kloster zu verlassen, in das sie eingetreten ist!

Hildegard aber muss gehen. In einer Schau wird ihr ein Ort gezeigt, wo am Zusammenfluss von Nahe und Rhein der heilige Rupertus als Einsiedler gelebt hatte. Dort, gegenüber der Stadt Bingen, soll sie für ihre Gemeinschaft ein neues Kloster errichten.

Zunächst behält sie die Schau für sich, zögert vor den zu erwartenden Konsequenzen und dem sicher kommenden Missmut. Doch je länger sie wartet, desto stärker werden die Schmerzen, die wieder öfter ihr Begleiter sind. Sie muss sich dem Abt offenbaren.

Sofort setzt massive Kritik ein. Gerade jetzt, wo Hildegards Ruhm stetig wächst und das Kloster Disibodenberg sich im Glanz der päpstlichen Anerkennung sonnt, kann und will Abt Kuno sie nicht gehen lassen. Und was will Hildegard, die die Natur mit den Wäldern, den fruchtbaren Feldern und Weinbergen so liebt, in einer derart kargen und unruhigen Gegend?

Was unausgesprochen bleibt, ist die Sorge, zusammen mit den Frauen all die Besitztümer zu verlieren, die zum Einzug in den Disibodenberg an das Kloster übergegangen waren.

Hildegard verweist auf die Vision. Wenn Gott will, dass sie dorthin geht, dann wird sie ihm folgen!

Dann war es keine Vision, deuten die Mönche an, Hildegard hat sich offensichtlich von Trugbildern täuschen lassen.

Das geht zu weit! Denn Trugbilder kommen vom Teufel, das kann Hildegard nicht so stehen lassen. Aus Wut und Enttäuschung versagt sie sich dem klösterlichen Leben und legt sich krank auf das Schlaflager. Von einer gewaltigen Stimme angewiesen, weigert sie sich, ab sofort an diesem Ort noch etwas über die Vision zu sagen oder zu schreiben.

Hildegards Zeit der Freude und Sicherheit währt nicht lange. Die schwelenden Auseinandersetzungen mit den Gegnern innerhalb des Klosters spitzen sich zu, gipfeln in einem Kampf um ihre gesamte Existenz.

5. Kapitel

Umzug auf den Rupertsberg

Der Rupertsberg liegt direkt gegenüber den Stadtmauern von Bingen, einem der größten Handels- und Informationszentren des Rheinlandes, nur von einem schmalen Fluss getrennt. Dort, wo sich die Verkehrswege aller Himmelsrichtungen kreuzen, liegt ein vergessenes zerstörtes Kloster mit einer Kapelle zu Ehren des heiligen Rupertus, der hier im 8. Jahrhundert zusammen mit seiner Mutter Bertha und einem Priester lebte.

Der Ort, den Hildegard für ihr Kloster erwählt, ist unmittelbar an der Nahemündung gelegen, mit Blick auf den Rhein, die Hauptverkehrsachse jener Zeit.

Der Handel blüht. Von Lübeck kommen russische Felle, gesalzene Heringe von den Küsten Schonens und Rügens. Handwerkliche Produkte und Wein werden von Regensburg, Aachen und Köln bis nach Italien und England gebracht. Glas, Schwerter, rotes Tuch und Leinwand fahren über den Rhein in ferne Gegenden, um für Silbermünzen oder kostbare Gewürze eingetauscht zu werden.

Das Marktgeschehen dringt mit Gerüchen und Lärm durch die Gassen der Stadt und lockt neben den Kaufleuten und Handwerkern auch Diebe und Huren, Kuppler und Gaukler, Spieler und Schmarotzer.

Mit dem Ende des zweiten großen Kreuzzuges kommen fremdländische Kenntnisse in die Städte, etwa die griechische Philosophie, allen voran die Werke des Aristoteles, aber auch medizinisches Wissen aus dem Orient.

Es ist eine Zeit des Aufbruchs, der Neuerungen und des Versuchs, sich modernen Gedanken zu nähern.

Die revolutionären Ansichten des brillanten, jedoch ebenso penetrant besserwisserischen Peter Abaelard setzen sich nun, acht Jahre nach seinem Tod, immer stärker durch. Abaelard, ein Mönch, der an der Pariser Kathedralschule Notre-Dame Schüler in Scharen anzog, trieb mit seiner intellektuellen Herangehensweise die Idee der Scholastik voran, deren Schlüssel zur Einsicht und Erkenntnis das Fragen ist.

Abaelard lehrte die Prinzipien der Kritik und der Analyse, die auch Nichtchristen in die Argumentation mit einbezieht. Seine neue Sichtweise lebt durch die Auseinandersetzung, die auch Dinge in Frage stellt, die bislang als tabu galten. In seinem Werk »Sic et non« stellt er widersprüchliche Aussagen der christlichen Tradition gegenüber, ohne sie aufzulösen, und regt damit eine Diskussion um eigene, vernunftsgebundene Lösungen an. Im Zuge dieser Entwicklung werden selbst Gottesurteile hinterfragt, der Mensch selbst ist verantwortlich dafür, Kraft seiner Intelligenz die Wahrheit ans Licht zu bringen. Undenkbar für die althergebrachte monastische Sichtweise, in der das theologische Wissen als Offenbarung gilt, ohne die Lehre zu hinterfragen oder verstehen zu wollen.

Bernhard von Clairvaux hatte Abaelard 1141 exkommunizieren lassen, es sei unwürdig, über die Grundlage des Glaubens mit schwachen Menschengedanken zu diskutieren. Ein Jahr später starb Abaelard. Der Siegeszug der Scholastik ist jedoch nicht mehr aufzuhalten.

Die Betriebsamkeit und Mobilität der neuen Zeit machten sich auch an dem Ort bemerkbar, der Hildegard in ihrer Schau gezeigt wurde. Nur wenige hundert Schritte vom Rupertsberg entfernt schieben sich Pilger, Ritter und Kaufleute, Lasttiere und Fuhrwerke über die alte steinerne Brücke, welche die beiden Naheufer zu den alten Römerstraßen hin verbindet. An manchen Tagen ist das Rufen der Menschen und Poltern der Lasten bis hin zu dem Platz zu hören, an dem die Nonnen zur religiösen Innenschau finden sollen.

Der Rupertsberg ist ein Ort, wie er gegensätzlicher zur Waldeinsamkeit vom Disibodenberg nicht sein könnte. Hildegard weiß um den Unterschied. Sie wird die Ruhe vermissen, den Blick auf das Grün der heilbringenden, gottgeschaffenen Natur. Doch jetzt, nach Jahren des Rückzugs, ist es Zeit für eine Öffnung nach außen. Ihr Platz ist im Zentrum der Informationen und Neuigkeiten aus aller Welt, an einem heiligen Ort vor den Augen der Öffentlichkeit.

Das Kloster Disibodenberg kann Hildegards Streben nach Unabhängigkeit nicht zulassen. Nicht nur, dass das Kloster durch sie einen bedeutenden Anziehungspunkt und damit auch stetigen finanziellen Zuwachs durch Spenden und die Mitgift adeliger Töchter verliert. Auch die täglichen Hand- und Näharbeiten, welche die Frauen für die Mönche verrichten, müssten anderweitig organisiert werden. Und was wird das einfache Volk dazu sagen, wenn eine bekannte Prophetin ihnen den Rücken kehrt?

Die Menschen der umliegenden Gemeinden haben für das Bestreben der hartnäckigen Magistra keinerlei Verständnis. Kaum wird Hildegards Vorhaben außerhalb der Klostermauern bekannt, zeigt sich offener Unmut. Abt Kuno sieht sich in seiner Vorgehensweise bestärkt.

Hildegard kommt ohne Hilfe nicht weiter. Noch während sie auf dem Krankenbett liegt, informiert sie ihre adeligen Verwandten über ihre Not. Auch die tiefreligiöse Marktgräfin von Stade, Mutter von Richardis, Hildegards Vertrauten und Mitarbeiterin, erfährt von der sich zuspitzenden Auseinandersetzung. Sie ist einflussreich und setzt sich beim Mainzer Erzbischof Heinrich für eine Verlegung des Frauenkonvents auf den Rupertsberg ein. Schließlich sei nicht der Ort für die Heiligkeit entscheidend, sondern alleine die guten Werke, die man an ihm tue. Zudem komme die Botschaft von Gott. Und wer wolle sich der Weisung Gottes widersetzen?

Die Antwort erfolgt umgehend: Abt Kuno von Disibodenberg wird aufgefordert, Hildegard und ihre Nonnen ziehen zu lassen.

Er tut es nur ungern und zögert den Prozess hinaus. Der Streit eskaliert. Hildegard erleidet eine Starre, kann nur noch unbeweglich und steif wie ein Felsblock im Bett liegen. Der Abt ist empört, zu sehr misstraut er ihren Krankheiten als Mittel zum Zweck. Doch als er selbst an ihr Krankenlager tritt und nach Kräften versucht, sie zu bewegen, erkennt er, dass es unmöglich ist. Sollte Gott doch seine Hand im Spiel haben? Nun endlich willigt Abt Kuno in den Umzug ein.

Kaum ist die Nachricht verkündet, wird Hildegard wieder gesund. Sofort beginnt sie, sich um die Finanzierung und den Aufbau des Klosters zu kümmern. Der Grund und Boden, auf dem das Kloster entstehen soll, gehört zum Großteil einem Grafen aus Hildesheim und den Mainzer Domherren. Hildegard braucht Güter, die sie zum Tausch einsetzen kann, und fordert, die Ausstattung der ins Kloster Disibodenberg eingetretenen Mädchen – die Besitztümer, Weinberge und Ländereien – an das zukünftige Kloster Rupertsberg zu übertragen. Aber von einer Übertragung hatte der Abt nicht gesprochen, als er seine Zustimmung gab. Hatte sie wirklich geglaubt, er würde ihren Wegzug auch noch versilbern?

Hildegard erkennt, dass sie diesen Punkt vorerst vertagen muss. Nicht einen Moment will sie mehr zögern und unnötig Zeit in Streitigkeiten vergehen lassen. Jeder Tag zählt, den sie früher von diesem Ort des Unfriedens wegziehen kann.

Viele sind bereit, ihr zu helfen. Ohne die Hilfe finanzkräftiger Gönner hätte Hildegard das neue Kloster nicht aufbauen können. Stifter wie die Marktgräfin von Stade, Pfalzgraf Hermann von Stahleck oder Graf Ulrich von Are sowie Hildegards Familie von Bermersheim geben die notwendige Unterstützung.

Die Arbeiten können beginnen. Alles ist darauf ausgerichtet, einen schnellen Umzug in eine behelfsmäßige Klosteranlage voranzutreiben. Zunächst entstehen die Frauenräume, die alte Kapelle wird erneuert. Größere Dinge sind zunächst nicht finanzierbar. Der Bau einer großen Klosterkirche muss warten.

Endlich, 1150, zwei Jahre später, ist es soweit. Als Hildegard mit achtzehn Nonnen, begleitet von ihren Angehörigen, mitsamt dem wenigen Gepäck auf dem Rupertsberg eintreffen, werden sie von den Menschen der Stadt Bingen und den umliegenden Ortschaften mit Jubel und Lobgesängen empfangen. Hildegards Ruf ist ihr weit vorangeeilt, alle kommen, um sie und ihre Schwestern zu begrüßen.

Für viele der Nonnen jedoch ist die Ankunft ein Schock. Von der geplanten Anlage ist noch nicht viel zu sehen, der Ort gleicht einer riesigen Baustelle. Die steile Uferböschung ist mit einer Stützmauer abgefangen worden, und das Gelände dahinter wurde zu einem Plateau aufgeschüttet, auf dem einmal die Klosterkirche entstehen soll. Aber bislang gibt es nur die alte Kapelle.

Es sieht karg aus, die Annehmlichkeiten der gewohnten Umgebung fehlen. Wasser muss aus einer entfernten Quelle geholt werden. Und das wurde Hildegard von Gott gezeigt? Die ersten Frauen murren. Manche von denen, die in herrschaftlichen Anwesen aufwuchsen, sind entsetzt. Das soll ihre Zukunft sein? Wie sollen sie diesem verdorrten Boden Essbares entlocken, wovon sollen sie leben, wenn nicht von Almosen?

Gerade jetzt, wo nach der großen Missernte überall Hunger herrscht, ist nicht davon auszugehen, dass die benachbarten Höfe etwas zu ihrem Lebensunterhalt würden beitragen können. Scharen von Menschen ziehen bettelnd durch die Gegend, die Höfe können sich kaum selbst versorgen – wer sollte da etwas für ein paar hungrige Nonnen übrig haben?

Die Rodung von Wäldern und Schaffung neuer Anbaugebiete, die Umstellung der Bauern auf die Dreifelderwirtschaft und neue technische Errungenschaften wie eiserne Pflüge und Eggen sowie die Ablösung des Ochsen als Zugtier durch das viel stärkere und schnellere Pferd haben nur solange den Bedürfnissen der stetig wachsenden Bevölkerung standhalten können, wie das Wetter mitspielte.

War der Sommer zu trocken, verdorrte das Getreide. Gab es zu viel Regen, verfaulte es. Die Unwägbarkeiten des Wetters hatten in den letzten beiden Jahren überhandgenommen; die so dringend benötigte Ernte ist erneut verdorben.

Schon kursieren Geschichten von notleidenden Menschen, die sich zusammenrotten und als Banden die Gegend unsicher machen. Die Armen organisieren ihre Gegenwelt, verbreiten als Schatten von Ordnung und Wohlergehen Angst und Schrecken.

Wer fühlt sich dabei nicht an die letzte große Hungersnot vor fünf Jahren erinnert, als eine solche Schar das Kloster Fulda überfiel und ausplünderte? Ach, wären sie doch auf dem Disibodenberg geblieben, wo es immer ausreichend zu essen gab und niemand Not leiden musste!

Als der Winter kommt, bietet der unfertige Klosterbau nur wenig Schutz vor der Kälte. Es gibt einzig einen rußigen Herd, um den sich die Nonnen drängen können, wenn es in ihren Gemäuern zu kalt ist. Die kleinen Fensteröffnungen werden mit hölzernen Rahmen, auf das geöltes Pergament oder Leinwand gespannt ist, zugestellt, um die kalte Schneeluft auszusperren. Das kostbare Glas ist für die Kirche gedacht, aber die ist auch noch weit davon entfernt, gebaut zu werden.

Das wachsende Unverständnis der verwöhnten adeligen Mitschwestern bringt Hildegard in große Bedrängnis. Tief in sich weiß sie jedoch, dass es nur besser werden kann: »Oh, oh, Gott lässt niemanden zuschanden werden, der auf ihn vertraut!«

War nicht auch Moses Jammern und Murren ausgesetzt gewesen, als er die Söhne Israels aus Ägypten über das Rote Meer in die Wüste führte?

Nach außen zeigt Hildegard sich zuversichtlich. Bald aber kann auch sie ihre Tränen nicht mehr verbergen. So viel ist noch zu tun! Die Nonnen mit dem Notwendigsten versorgen, die Arbeiten vorantreiben, Spenden für den weiteren Klosterbau erbitten, das tägliche Pensum an Beten und Singen. Dazu noch die Kontaktpflege mit all denen, die ihren Rat hören wollen, und der rege Briefwechsel mit Menschen, die für die Verbreitung ihrer göttlichen Mission wichtig sind. Auch die Visionen drängen. »Scivias« ist längst nicht beendet.

Hildegard hat jedoch tatkräftige Unterstützung. Nun endlich ist auch Volmar da, zu dem sie eine tiefe Verbundenheit spürt, ihr Vertrauter und innig geliebter Freund. Erst nach langem Ringen wurde er ihr von Abt Kuno als Probst zur religiösen Unterweisung der Rupertsberger Nonnen abgestellt. Mit ihm und der klugen Nonne Richardis, zu der sich inzwischen eine tiefe Freundschaft und familiäre Liebe entwickelt hat, stehen Hildegard zwei Menschen zur Seite, die ihr in diesen schweren Zeiten fest und selbstlos Halt geben.

Hildegards Rücken ist gestärkt. Beflissen beginnt sie, die gewohnten Rituale aufzunehmen. Tagesbeginn mit der Morgenfeier, dann die Lobgesänge. Ab sechs alle drei Stunden die kleinen Horen. Abends die Vesper und zum Schluss der Gesang des Nachtgebetes.

Hildegard bemüht sich, eine gute, warmherzige Magistra zu sein, die sich den Belangen jeder einzelnen Nonne mit Geduld und Verantwortungsbewusstsein widmet. Trotz Sanftmut und Liebenswürdigkeit achtet sie streng auf die Einhaltung der religiösen Pflichten. Über manche Sünden der Nonnen jedoch, ihre kindischen Lügenhaftigkeiten, Unaufrichtigkeiten und das Verlangen nach irdischen Vergnügungen sieht sie gütig hinweg.

Dem Wunsch nach Ausgelassenheit und Freiheit von einzwängenden Regeln kommt eine neue Weisung entgegen, die sie als Vision zur Niederschrift erhielt. Hildegard führt eine für diese Zeit ungeheuerliche Neuerung im klösterlichen Leben ein: An Festtagen dürfen ihre Schwestern die engen Hauben abnehmen, die frischgewaschenen Haare fallen lassen und sich in lange, leuchtend weiße, seidene Gewänder kleiden. Mit einer goldgewirkten Krone und einem goldenen Fingerring geschmückt, wird im Chordienst die Liturgie gesungen. Die Nonnen als Bräute Christi – ein scharfer Gegensatz zu den Gepflogenheiten auf dem Disibodenberg, wo Jutta zu Lebzeiten selbst an hohen Festtagen die marternde Kette nicht ablegen wollte.

Doch nicht bei allen Nonnen vermag das den Alltag zwischen Bauschutt und provisorischem Klosterleben wieder herzustellen. Hildegard kann die Unzufriedenen nicht davon abzuhalten, zu gehen und sich in anderen, bequemeren Frauenklöstern zu melden.

Immer wieder mahnt Hildegard das Kloster Disibodenberg an, ihr die ausstehenden Besitztümer der mitgezogenen Nonnen zu überschreiben, aber niemand reagiert. Es scheint, als hätte sich alle Welt gegen das Unternehmen Rupertsberg verschworen.

Dann plötzlich, nach Monaten des Mangels und des Leidens, nach unendlichen Bittschriften und Anfragen scheint es, als hätte sich eine himmlische Schleuse mit Wucht geöffnet. Von überall her fließen Spenden. Von Adeligen, die sich einen Platz im Rupertsberger Friedhof sichern und damit ihren Seelen einen heiligen Platz bieten wollen. Und von Familien, die ihre im Kloster lebenden Töchter gut versorgt wissen wollen.

Auch die Ernte fällt in diesem Jahr besser aus. Es gibt wieder mehr Getreide. Brot wird geliefert und Käse, Fisch und Hülsenfrüchte. Nahrung gegen Gebete für das Seelenheil.

Selbst Menschen, die das Vorhaben noch kurz zuvor als nutzlos bezeichnet hatten, beginnen ihre Taschen zu öffnen und den Aufbau des Rupertsberg mit finanziellen Mitteln voranzutreiben.

Andere helfen mit ihrer Arbeitskraft. Aus der verkommenen Einöde wächst Leben. Gärten und Felder entstehen, steinerne Wasserleitungen werden gebaut, um das Quellwasser direkt durch das Kloster zu leiten.

Hildegard ist inzwischen zweiundfünfzig, ein nahezu biblisches Alter für diese Zeit – vor allem bei all den Strapazen, denen sie sich aussetzt. Außerhalb der geschützten Klosterräume, auf dem Land und in den Städten liegt die Lebenserwartung bei dreißig Jahren. Die Hälfte aller Lebendgeburten stirbt noch im Kindesalter. Wer die anfällige Zeit der Kindheit und Jugend übersteht, kann mit fünfundvierzig Jahren rechnen. Mehr jedoch ist selten.

Auch Hildegard spürt die nachlassenden Kräfte, immer

stärker leidet sie unter ihrem kränkelnden Körper, der sich als zuverlässiger Gradmesser für ausstehende Aufgaben erweist. Noch längst ist nicht alles geregelt. Rechtlich hängt der Rupertsberg noch immer am Disibodenberg.

Volmar drängt sie dazu, sich nicht durch körperliche Schwächen von ihrer Mission abhalten zu lassen. Die Visionen wollen niedergeschrieben werden, die Menschheit wartet auf eine Vollendung des »Scivias«!

Hildegard nimmt die Arbeit an dem Werk wieder auf. Volmar und Richardis unterstützen sie nach Kräften.

Ein Jahr später, zehn Jahre nach den ersten in Wachstafeln geritzten Worten, ist »Scivias« vollendet. Es schließt mit Lobgesängen auf den Schöpfer und auf die Heiligen in einer wunderbaren, poetischen Sprache:

»Die ihr Gott schaut und im Morgenrot baut,
wie ist euer Antlitz so schön,
wie edel seid ihr, o selige Jungfrau'n!
In euch hat der König sich selber erblickt,
da er mit allem himmlischen Schmuck
euch hier schon sein Siegel aufgedrückt.
Der lieblichste Garten seid ihr daher,
duftend von jeglicher Zier.

O edelste Grünkraft, die in der Sonne du wurzelst;
in blendender Klarheit strahlst du im Rade auf,
das keine irdische Macht begreift.
Umfangen von den Umarmungen der Geheimnisse
    Gottes
schimmerst du wie das Morgenrot
und brennst wie der Sonne Feuer.«

Papst Eugen III. wird als einer der Ersten über die Vollendung informiert. Ein Bote wird nach Rom geschickt –

mit einem Brief und einer handschriftlichen Kopie des Werkes im Gepäck.

»Nun ist dieser Teil der Schrift beendet. … Und meine Seele wünscht: Das Licht vom Lichte leuchte in dir, erschließe dir reine Augen und mache deinen Geist wach für dieses Schriftwerk, damit deine Seele, wie es Gott gefällt, darob gekrönt werde.«

Es ist vollbracht. Mit Fertigstellung des »Scivias« beginnt sich das Leben zu normalisieren. Hildegards Ruf als prophetissa teutonica schreitet voran und erreicht schließlich auch jene, die ihren eigenen guten Ruf an erster Stelle wissen wollen. Kann Hildegard auch den gelehrteren Äbtissinnen Paroli bieten?

Ein Brief trifft ein, überbracht von einem Boten aus Andernach. Die dort wirkende Äbtissin Tenxwind, die bereits Wartelisten aufstellen muss, um all denen gerecht zu werden, die ihrem gelehrten, asketisch geführten Kloster beitreten wollen, erkundigt sich recht unverblümt und ohne lange Einleitung: »Der ehrenvolle Ruf vom Geruch Eures heiligen Lebens hat sich weithin verbreitet. Wunderbare, staunenswerte Dinge sind uns dabei zu Ohren gekommen. … Denn durch das Zeugnis vieler Menschen haben wir erfahren, dass Euch im Auftrag Gottes von einem Engel vieles über himmlische Geheimnisse enthüllt wurde, was für den Menschen schwer zu verstehen ist, damit Ihr es niederschreibt, und dass Ihr, nicht durch menschliche Überlegungen, sondern von Gott selbst belehrt, zu Euerm Handeln veranlasst werdet.

Auch von einem sonst nicht üblichen Brauch bei Euch drang etwas an unser Ohr: dass nämlich Eure Nonnen an Festtagen beim Psalmengesang mit herabwallendem Haar im Chore stehen und als Schmuck leuchtend weiße Seidenschleier tragen, deren Saum den Boden berührt. Auf dem Haupt haben sie goldgewirkte Kränze, in die auf beiden Seiten und hinten Kreuze und über der Stirne ein Bild des Lammes harmonisch eingeflochten sind. Auch sollen die Finger der Schwestern mit goldenen Ringen geschmückt sein. Dies alles, obgleich der erste Hirt der Kirche solches verbietet, da er mahnt und sagt: ›Die Frauen sollen sich sittsam halten, nicht mit Haargeflecht und Gold und Perlen oder mit kostbarem Gewand sich schmücken.‹«

Damit nicht genug. Es gibt noch eine Sache, an der Tenxwind Anstoß nimmt: »Außerdem – und das scheint uns nicht weniger merkwürdig – gewährt Ihr nur Frauen aus angesehenem und adeligem Geschlecht den Eintritt in Eure Gemeinde. Nichtadeligen und weniger Bemittelten hingegen verweigert ihr fast durchweg die Aufnahme in Eure Gemeinschaft. Auch darüber sind wir geradezu erstarrt und ratlos in der Unsicherheit starken Zweifelns, da wir im Geiste schweigend überdenken, dass der Herr selbst für die entstehende Kirche unansehnliche und arme Fischer erwählt und der heilige Petrus den damals zum Glauben bekehrten Völkern gesagt hat: ›In Wahrheit habe ich erfahren, dass bei Gott kein Ansehen der Person gilt.‹«

Dann fügt Tenxwind, ihre Gelehrsamkeit betonend, noch hinzu, dass sie in allen ihr zur Verfügung stehenden Schriften geforscht hätte, ob etwas Ähnliches vermerkt wurde.

»Denn eine solch große Neuerung im Brauchtum, verehrungswürdige Braut Christi, übersteigt bei weitem das Maß unserer bescheidenen Fassungskraft und hat in uns nicht geringe Verwunderung ausgelöst. … Es schien uns deshalb am besten, ein Schreiben an Eure Heiligkeit zu richten mit der demütigen und ergebenen Bitte, uns bald mitteilen zu wollen, auf wessen Autorität hin ein derartiger klösterlicher Gebrauch gerechtfertigt ist.«

Wahrscheinlich war Tenxwind von Andernach der Meinung, eine ungelehrte Frau mit diesen Worten in höchste Bedrängnis zu bringen und sich damit ihren ersten Platz in der Riege der Klostervorsteherinnen sichern zu können. Aber sie hat nicht mit dem Selbstverständnis Hildegards gerechnet.

Diese bestätigt die Regel, die den Frauen versagt, sich zu schmücken, außer für ihren Ehegatten. Aber: »Das alles gilt nicht für die Jungfrau«, wischt sie alle Einwände in einer ausführlichen Antwort selbstsicher beiseite. »Für die Jungfrau besteht nicht die Vorschrift, die Schönheit ihres Haares zu bedecken, sondern aus eigenem freiem Willen verhüllt sie in tiefer Demut ihr Haupt. ... Die Jungfrauen sind im Heiligen Geiste der Heiligkeit vermählt und der Morgenröte der Jungfräulichkeit. ... Deshalb steht es der Jungfrau zu, ein leuchtend weißes Gewand anzulegen ... Es ist die klare Hindeutung auf ihre Vermählung mit Christus.«

Zu den Standesunterschieden bemerkt sie: »Welcher Mensch sammelt seine ganze Herde in einem einzigen Stall, Ochsen, Esel, Schafe, Böcke, ohne dass sie auseinander laufen?«

Eine Vermischung der Stände würde Unruhe bringen und die adeligen Nonnen von der gebotenen Demut abhalten.

In dieser Ansicht ist sie nicht alleine. Die meisten Stifte der Zeit nehmen fast ausschließlich Adelige auf. St. Marien bei Andernach ist hier mit seinen standesrechtlich gemischten Nonnen eine seltene Ausnahme.

Hildegard hätte auf den provokanten Brief aus Andernach nicht antworten müssen. Aber in einer Zeit, in der Briefe öffentlich verlesen werden, war es notwendig, alle Argumente der Gegenseite elegant auszuhebeln, um sich allge-

meinen Respekts zu versichern. Etwas in dem Brief von Tenxwind muss allerdings noch lange in ihr nachgeklungen haben. 1160, acht Jahre nach dem Tod der Vorsteherin, besucht Hildegard das St-Marien-Stift in Andernach. Und nur wenige Jahre später, 1165, eröffnet sie in Eibingen ein Schwesternkloster, in dem vorwiegend Nichtadelige aufgenommen werden. Zum Zeitpunkt des Briefwechsels jedoch war es überlebenswichtig für das Kloster, sich durch die Mitgift der adeligen Familien ein Fortbestehen zu sichern.

6. Kapitel

Richardis

Gesänge hallen durch die Mauern des Klosters, das inzwischen mehr ist als nur ein Provisorium.

Hildegard, der schon immer Lieder und Melodien zum Lobe Gottes einfielen, schreibt die Musik nun auf und integriert sie in den Klosteralltag.

Ihre Musik ist einzigartig, anders als die gewohnten Kompositionen gregorianischer Gesänge, moderner. Schon auf dem Disibodenberg lernte sie die Gesänge zu Gottesdiensten und Feierlichkeiten. Diese Musik aber, die sie ohne Rücksicht auf gängige Werke komponiert, umfasst noch viel mehr. Sie ist Ausdruck ihres mit Bildern angefüllten Geistes, spielt mit abwechslungsreichen Tonfolgen und melodischen Verzierungen, überschreitet den geregelten Ablauf des römischen Chorals und eröffnet eine neue, kühne und zugleich herbe Klangwelt.

Ihre Musik ist Teil der Botschaft Gottes. Singen gehört zum Wesen des Menschen, befreit ihn, klärt seine Seele. Nichts ist schöner als das gemeinsame Singen und Musizieren, nichts lässt Seelen, die sich im Alltag unterscheiden, in größerem Gleichklang erklingen.

»Dann sah ich eine ganz durchsichtige Atmosphäre«, beschrieb Hildegard ihre letzte Vision im »Scivias«. »In ihr vernahm ich auf wundersame Weise den unterschiedlichen Klang von Harmonien in all den erwähnten Sinnbildern: Lobgesänge auf die Freuden der Himmelsbürger, die mutig auf dem Weg der Wahrheit verharren, Klagelieder über die, welche aufs Neue zu den gleichen Freudengesängen berufen werden sollen, und den aneifernden Gesang der Tugendkräfte, die einander ermuntern, den Völkern, die von teuflischer List bekämpft werden, Heil zu erwirken.«

Hildegards Musik ist nicht von dieser Welt. Die Melodien, die sie niederschreibt, sind Zeugnis der Licht- und Klangfülle, die sie in ihren Visionen vernimmt. Und so erhalten nun die Lobgesänge auf die Heiligen, die sie im »Scivias« niederschrieb, ihre musikalische Entsprechung.

Die himmlische und doch eigenwillige Musik ist ein Spiegel der Persönlichkeit der Prophetissa. Hildegard liebt die fortwährende musikalische Begegnung. Immer häufiger sehen sie die Nonnen vom Geist erfüllt im Kreuzgang auf und ab wandeln und ihr Lieblingslied singen: »O virga et diadema«.

Es ist das Jahr 1151. Für die Nonne Richardis von Stade beginnt eine ruhige Zeit. Die Schreibarbeiten für Hildegard sind seit Abschluss des »Scivias« überschaubar geworden. Erste Anfragen anderer Klöster nach Abschriften treffen ein, daneben hilft Richardis bei der täglichen Korrespondenz. An erster Stelle jedoch steht die Hinwendung zu Gott in den Stunden des Gebetes und Gesanges.

Der klösterliche Alltag bietet stetiges Gleichmaß. Da platzt eine Neuigkeit in die ungewohnte Ruhe, die das Leben der Nonne von Grund auf ändert: Ihr Bruder Hartwig, Erzbischof von Hamburg-Bremen, möchte Richardis gerne als Äbtissin in seiner Nähe sehen. Auf seine Veranlassung hin wurde sie vom Frauenstift Bassum, das südlich von Bremen liegt, für diese hohe Ehre gewählt!

Richardis stimmt augenblicklich zu. Hätte sie gewusst, was diese Entscheidung in Hildegard auslöst, hätte sie sie vielleicht noch einmal überdacht. Aber nun, wo sie ausgesprochen ist, ist es zu spät.

Hildegard bricht es das Herz. Ihre geliebte Vertraute, enge Freundin, die sie wie eine Tochter liebt, beugt sich den kirchenpolitischen Erwägungen ihrer Familie. Sieht Richardis denn nicht, dass sie entscheidend ist im inneren Kreis? Sie und Volmar, ihre Rückendeckung, ihr Halt in Zeiten des Sturms! Wie kann Richardis gehen und den ehrgeizigen Plänen ihres Bruders folgen? Das kann nicht Gottes Wille sein!

Hildegard befragt ihre Schau, glaubt zu verstehen, dass das hohe Amt nicht von Gott ausgesucht wurde, sondern von denjenigen Menschen, die bei der Vergabe nur an das eigene Wohl denken. Nein, sie kann die junge Nonne nicht gehen lassen. Hier, an ihrer Seite auf dem Rupertsberg ist Richardis' von Gott gedachter Platz.

Es ist eine schlimme Zeit für sie. Nicht einen Moment glaubt sie, dass Richardis selbst gerne gehen möchte.

Richardis hingegen fühlt sich ihrer Familie verpflichtet, empfindet es genauso stark wie ihre Verbundenheit gegenüber Hildegard. Ihren Vater verlor sie schon früh, ebenso wie ihre drei Brüder: Rudolf, der bereits als Kind verstarb, sowie Udo IV. und Rudolf II., die erst vor wenigen Jahren gewaltsam ums Leben kamen. Es gibt nur noch Hartwig, einen starken, gleichzeitig sensiblen Menschen, und ihre umtriebige Schwester Luitgard.

Hartwig braucht in seiner Eigenschaft als Erzbischof von Hamburg-Bremen Unterstützung. Der mit rigoroser Härte vorgehende Welfe Heinrich der Löwe hatte für sich das Recht beansprucht, die Hartwig unterstehenden Bistümer Oldenburg, Ratzeburg und Mecklenburg anderweitig einzuweisen. Die Besetzung kirchlich wichtiger Positionen seitens der Familie soll nun Hartwigs Position stärken. Kann Hildegard denn nicht verstehen, dass Richardis seinem Ruf folgen muss? Ihm und ihrer Mutter, der Markgräfin von Stade, zuliebe?

Nein, Hildegard versteht es nicht, zu tief ist sie in ihren Gefühlen verstrickt. Sie versteht es auch nicht, als ein Brief des Mainzer Erzbischofs Heinrich ankommt, der sie – entgegen seiner sonst freundlichen Anerkennung – nach kurzen einleitenden Worten barsch und ungehalten in die Schranken weist: »Um aber auf das zu kommen, worauf wir hinzielen, so geben wir dir davon Kenntnis, dass einige Ordensleute als Abgesandte eines uns bekannten adeligen Klosters zu uns gekommen sind. Sie haben uns inständig gebeten, dass ihnen jene Schwester, die sie erbitten und die im Ordensgewand bei dir lebt, gemäß stattgefundener Wahl als Äbtissin zugestanden wird. Dementsprechend gebieten wir kraft der Autorität unseres Vorsteheramtes und unserer Vaterschaft, ja wir legen es dir befehlend auf, dass du sie den gegenwärtig Bittenden und Verlangenden für das Vorsteheramt überlässest. Tust du das, so wirst du unsere Gunst, die du bisher erfahren, fürderhin in noch höherem Maße spüren. Wenn nicht, so werden wir es erneut, und zwar noch schärfer, befehlen und nicht davon ablassen, bis du unser diesbezügliches Gebot durch die Tat erfüllt hast.«

Es ist ein deutlicher Befehl. An diesem Punkt hätte Hildegard umgehend einlenken müssen, um es sich nicht zeitlebens mit einem ihrer Gönner zu verscherzen. Aber sie tut es nicht. Sie, die prophetissa teutonica, die deutsche Prophetin, ist es nicht mehr gewohnt, dass man ihren Willen, Gottes Willen, abschlägt. Die Schau hat ihr gezeigt, wo Richardis' Platz ist. Und mit Gott streitet man nicht.

Hildegard zögert keinen Moment. Sie kann nicht nachgeben, selbst wenn sie wollte. Denn wenn sie sich jetzt dem menschlichen Willen beugt – wie viel Achtung erweckt dann künftig noch Gottes Wille, wenn er aus ihrem Mund strömt?

Erbost wagt sie sich an einen Brief, der ungehöriger nicht sein kann. Zeigt sie doch offen auf die Missstände im Schachern um hohe kirchliche Ämter: »Der durchsichtige Quell, der nicht trügerisch ist, sondern gerecht, spricht: Die Gründe, die für die Erhebung jener Nonne vorgebracht werden, haben bei Gott kein Gewicht. Denn Ich (Gott) ... habe sie nicht gesetzt und gewählt, sondern aus der ungeziemenden Verwegenheit einsichtsloser Herzen sind sie entstanden. ... O Hirten, klagt und trauert in dieser Zeit, denn ihr wisst nicht, was ihr tut, wenn ihr die in Gott begründeten Ämter um Geldbesitz an die Torheit schlechter Menschen, die Gott nicht fürchten, verschleudert. Darum darf man euren verfluchenden, böswilligen und drohenden Worten kein Gehör schenken.«

Mit diesem harschen Brief an den Mainzer Erzbischof überschreitet Hildegard eine Grenze, die auch die Marktgräfin von Stade, Richardis' Mutter, nicht mehr übersehen mag. Hatte sie sich doch in den Anfängen zusammen mit dem Erzbischof Heinrich so vehement für Hildegards Umzug an den Rupertsberg eingesetzt und sogar einen Güterbesitz in Ockenheim an das neue Kloster überschrieben.

Aufgrund ihrer verwandtschaftlichen Verbundenheit mit der Familie von Sponheim hatte sie wie selbstverständlich nicht nur ihre Tochter Richardis in Hildegards Obhut gegeben, sondern auch ihre Enkelin Adelheid, die sie von ihrer unsteten Tochter Luitgard anvertraut bekam, nachdem diese zu ihrem zweiten Ehemann, dem Dänenkönig Erik Lam, nach Dänemark übergesiedelt war.

Und nun diese schroffe Undankbarkeit der Rupertsberger Äbtissin! Es war sicher besser, auch Adelheid, die sie wie eine eigene Tochter liebte, abzuberufen.

Als am 15. Juli 1151 die Äbtissin des Kloster Gandersheim stirbt, zögert die Marktgräfin keinen Augenblick. Mithilfe ihrer hervorragenden Beziehungen wird die Rupertsberger Nonne Adelheid in Abwesenheit zur Nachfolgerin gewählt.

Eine schwere Zeit für Hildegard. Nun also auch Adelheid. Es scheint, als hätte sich alles gegen sie verschworen. Sie muss die Marktgräfin umstimmen, ihre Hilfe anrufen. Wie sonst soll sie diesen starken Schmerz in ihrem Inneren überstehen? Sie schreibt einen Brief, in dem sie ihre Trauer offenbart, und legt all ihre Hoffnung hinein: »Ich beschwöre und ermahne dich: Bringe meine Seele nicht derart in Aufruhr, dass du meinen Augen bittere Tränen entlockst und mein Herz mit grausamen Wunden verletzest wegen meiner vielgeliebten Töchter Richardis und Adelheid, die ich jetzt leuchten sehe im Morgenrot, geschmückt mit einem Perlengeschmeide von Tugenden. Hüte dich also, ihren Sinn und ihre Seele von dieser erhabenen Schönheit durch deinen Willen, Rat und Beistand abzulenken. Denn die Äbtissinnenwürde, die du (für sie) begehrst, ist sicher, sicher, ja sicher nicht von Gott, noch ist sie zum Heil ihrer Seelen. Wenn du also die Mutter dieser deiner Töchter bist, so hüte dich, der Untergang ihrer Seelen zu sein, damit du nicht dereinst unter bitteren Seufzern und Tränen Schmerz erleidest …«

Es nützt alles nichts. Inzwischen mischt sich auch Abt Kuno vom Disibodenberg ins Geschehen ein, ebenso wie Pfalzgraf Hermann von Stahleck, einer der größten Stifter. Es geht eben nicht, dass diese sture und unbeugsame Frau sich immer wieder höchstem kirchlichem Geheiß widersetzt. Niemand glaubt wirklich, dass diese emotional geführte Schlacht Gottes Willen entspricht. Dieser Scharade muss ein Ende bereitet werden.

Noch hängt das Rupertsberger Kloster rechtlich am

Disibodenberg, und die Nonnen haben zu tun, was der Abt gebietet. Abt Kuno selbst tritt an Richardis heran, drängt sie, ihrer Pflicht nachzukommen. Er kennt Hildegards Hartnäckigkeit, die sich ihm immer wieder in den Weg gestellt hat. Dieses Mal aber wird er ein Machtwort sprechen, an dem sie auch mit ihren immer zum richtigen Zeitpunkt kommenden Krankheiten nichts ändern wird.

Richardis, die das Zerren um ihre Person nicht länger ertragen kann, geht – schweren Herzens, denn sie liebt Hildegard wie eine Mutter. Aber sie sieht auch, welche Front sich gegen Hildegard aufbaut und sich unhaltbar aufschaukelt. Wenn sie vermeiden kann, dass sich auch der letzte Gönner gegen ihre Meisterin wendet, dann nur, indem sie nach Bassum geht und hofft, dass endlich Ruhe einkehrt. Doch Richardis' Hoffnung wird sich nicht erfüllen.

In der Zwischenzeit droht Deutschland im Streit der Fürstentümer zu zerfallen. Allen voran stehen sich die Staufer und die Welfen feindlich gegenüber. Mehrere Besitz- und Herrschaftsrechte sind ungeklärt, die Welfen haben ihre Herrschaft mit rigoroser Härte im sächsischen Raum erweitert.

Niemand weiß die Fehden zu regeln. König Konrad III vermag den Streit nicht zu schlichten, er reagiert seltsam blass. Auch die Zugehörigkeit des bayerischen Herzogtums ist ungeklärt, es fehlt eine ordnende Hand.

Hildegard beobachtet die Entwicklungen mit Sorge. Mit Gertrud, der Schwester des Königs, steht sie in engem freundschaftlichen Kontakt und erfährt alle politischen Entwicklungen aus erster Hand. In einem Brief hatte Hildegard dem König geraten, sich zusammenzureißen und Ordnung im Reich zu schaffen, aber er ist zu schwächlich, um handfeste Entscheidungen zu treffen.

In Rom wird Papst Eugen III. erneut aus der Stadt vertrieben, weil er sich mit dem römischen Senat nicht einigen kann. Konrad III. wird zum Romzug aufgefordert, um die päpstlichen Rechte mit Gewalt durchzusetzen. Der König stimmt nur ungern zu, er ist kraftlos und unentschieden. Das Ende des unrühmlichen Kreuzzugs ist noch nicht einmal drei Jahre her, vor zwei Jahren verstarb sein geliebter Sohn, den er als Nachfolger einsetzen wollte. Der jüngste Sohn ist mit sechs noch zu klein. Soll er sich trotzdem der Gefahr einer Schlacht aussetzen? Aber als Dank winkt die Kaiserkrone, und es wäre nicht gut, den Papst zu verärgern.

Im März gelangen Neuigkeiten zum Kloster Rupertsberg: König Konrad III. ist in Bamberg während der Vorbereitungen zum Romzug gestorben. Auf dem Sterbebett hat er seinen Neffen Friedrich zu seinem Nachfolger bestimmt, einen schlanken, ebenmäßig gewachsenen Mann mit rötlich-blondem Bart.

Eine gute Wahl. Friedrich ist zum Zeitpunkt der Wahl dreißig Jahre alt und ein freundlicher, charmanter Mann mit großem Durchsetzungsvermögen und Verhandlungsgeschick. Zudem vereint er beide verfeindete Fürstengeschlechter in seinem Blut: Er ist Staufer väterlicherseits und Welfe mütterlicherseits. Nur einer wie er kann den Frieden bringen und Deutschland wieder einen.

Die Nachricht über den neugewählten König ist aufregend und lenkt von dem tiefen Schmerz ab, den Hildegard noch immer über den Weggang Richardis' verspürt. Sie stürzt sich in die Arbeit und begrüßt den neuen König Friedrich Barbarossa mit einem freundlichen Brief: »Es ist wunderbar, dass der Mensch einer solch anziehenden Persönlichkeit bedarf, wie du, König, es bist. ... Alle Länder sind umdunkelt von den Ränken der vielen, die durch die Schwärze ihrer Sünden die Gerechtigkeit auslöschen. ...

O du König, bezwinge mit dem Zepter der Barmherzigkeit die trägen, unsteten und wilden Sitten. ... Denn schwarz sind die lässigen Sitten der Fürsten, die in Ausgelassenheit und Schmutz daherlaufen. Davor fliehe, o König! Sei vielmehr ein bewaffneter Streiter, der dem Teufel tapfer widersteht, damit Gott dich nicht stürze und dadurch Schande über dein irdisches Reich komme. ... Gott schütze dich, mögest du leben in Ewigkeit!«

Es ist der 1. Mai 1152. Für den Mainzer Erzbischof Heinrich ist der unsägliche Streit um Richardis vergessen. Die neugewählte Äbtissin hat ihren Dienst in Bassum angetreten, also gibt es keinen Grund mehr, sich über die Auseinandersetzung aufzuregen. Er mag Hildegard, achtet ihre Klugheit und Stärke, ihre Funktion als leuchtendes Vorbild, auch wenn sie sich dieses Mal zu unbeugsam gezeigt hat.

Der Gedankenaustausch mit der klugen und tugendreichen Magistra ist anregend, seit dem Umzug auf den Rupertsberg sogar noch um einiges interessanter. Hildegards Ruf hatte sich in kürzester Zeit vermehrt, mit allen interessanten Personen der Zeitgeschichte steht sie in brieflichem und persönlichem Kontakt. Immer häufiger werden Nachrichten aus aller Welt von Boten direkt an den Rupertsberg herangetragen. Hildegard hat es gut getroffen mit diesem Ort; das ist jetzt, nur zwei Jahre nach dem Umzug, bereits offensichtlich.

Aber heute ist er nicht zum Rupertsberg gekommen, um sich auszutauschen, heute soll die fertiggestellte Kapelle, die als Klosterkirche dient, geweiht und neu hinzugekommenen Nonnen der geweihte Schleier aufgelegt werden. Und Heinrich, der von Hildegard erwählte Schutzherr über ihr Kloster, möchte seine Hochachtung mit einem Geschenk ausdrücken: einer Mühle einschließlich Grundbesitz in der Nähe von Bingen, deren Erträge den Unterhalt des Klosters sichern sollen.

Die Zeremonie verläuft feierlich und wird in einer Urkunde mitsamt der Schenkung schriftlich festgehalten, bezeugt durch Hildegards Bruder Hugo, der seit diesem Jahr Kanoniker in Mainz ist.

Zu Ehren des besonderen Tages führen die Nonnen zusammen mit Volmar ein Singspiel auf, das den ewigen Kampf zwischen Gut und Böse thematisiert. Hildegard hat es komponiert und die schriftliche Kurzform, die das Buch »Scivias« beschließt, vertont und um Dialoge erweitert.

Nur Volmar in der Rolle als Diabolus singt nicht, er krächzt und brüllt seinen Part, während die Nonnen lieblich ihre Stimmen erheben. Denn das Böse kennt keine Lieder, kann sich nicht in Harmonie und Wohlklang ausdrücken. Musik ist göttlich, und daher singt die Nonne, die Castitas, die Keuschheit, darstellt: »O Jungfräulichkeit, du stehst im königlichen Brautgemach.«

Eine der ursprünglich geplanten Darstellerinnen fehlt, ihre Rolle ist anderweitig besetzt. Erzbischof Heinrich bemerkt nicht, dass die Gedanken der Rupertsberger Magistra noch immer nicht frei sind. Die Worte, die die Keuschheit soeben gesungen hat, beschreiben Richardis. Sie war gemeint, als die Worte ihr in einer göttlichen Schau genannt wurden.

Hildegard sieht ein, dass es so nicht weitergeht. Richardis ist gegangen, aber nur auf Drängen von Abt Kuno. Muss sie es so einfach hinnehmen? Wenn sie den Verantwortlichen noch einmal in aller Deutlichkeit klarmacht, wie sehr sie selbst unter dem Unrecht leidet und dass Richardis von Gott gezeigter Platz auf dem Rupertsberg ist, müssen sie doch einlenken! Entschlossen wendet sie sich an Richardis' Bruder Hartwig, Erzbischof von Hamburg-Bremen, und bittet ihn eindringlich, seine Schwester wieder zu ihr zurückzuschicken:

»O Teurer, deine Seele ist mir sehr lieb. … Nun höre auf mich, die ich in Tränen und Trübsal zu deinen Füßen niedergeworfen liege. Denn meine Seele ist sehr betrübt, weil ein gewisser schrecklicher Mensch in der Angelegenheit unserer geliebten Tochter Richardis meinen Rat und Willen und den meiner Schwestern und Freunde missachtet und sie durch seinen verwegenen Willen aus unserem Kloster entführt hat. … Wenn einer unruhigen Geistes danach verlangt, Meister zu sein und dabei mehr nach Macht strebt als auf den Willen Gottes schaut, ist dieser Amtsträger ein räuberischer Wolf. …

Deshalb war es für unseren Abt nicht notwendig, eine heilige, aber unerleuchtete und unwissende Seele in das, was geschehen ist, und damit in so große Unbesonnenheit und Geistesverblendung hineinzubefehlen. Wäre unsere Tochter ruhig geblieben, so hätte Gott sie zubereitet zu dem, was Er an Ruhm für sie wollte.

Darum bitte ich dich … : Sende meine geliebte Tochter zu mir zurück! Denn eine Wahl Gottes übergehe ich nicht, noch widerspreche ich ihr, wenn immer eine solche vorliegt.«

Der Brief ist freundlich. Denn obwohl Hildegard auch ihm Ämterschacher vorwirft, sieht sie, dass sie bislang mit Schärfe nichts erreicht hat. Aber auch dieser Brief bleibt ohne Erfolg.

Hildegard vermag nicht mehr zu unterscheiden, was sie stärker treibt: der Wunsch, Gottes Wille durchzusetzen, oder das Verlangen, den Schmerz zu stillen und den Verlust ihrer geliebten Tochter im Herzen ungeschehen zu machen. In ihrer Verzweiflung wendet sie sich an den Papst. Seine Antwort ist deutlich: Wenn Richardis in Bassum streng nach den Benediktinerregeln lebt, soll sie

dort bleiben, ansonsten aber zum Rupertsberg zurückkehren.

Natürlich lebt Richardis nach den Regeln, das ist auch
Hildegard bewusst. Sie wird den Verlust akzeptieren müssen, aber nicht, ohne noch einmal persönlich an Richardis
zu schreiben, als letzte Nachricht, als Abschluss und mah-
nende Versöhnung: »Höre Tochter, mich, deine Mutter,
die im Geiste zu dir spricht: Schmerz steigt in mir auf. Der
Schmerz tötet das große Vertrauen und die Tröstung, die
ich in einem Menschen besaß. Von nun ab möchte ich sagen: Besser ist es, auf den Herrn zu hoffen, als auf Fürsten
seine Hoffnung zu setzen …

Der Mensch, der so auf Gott schaut, richtet wie ein
Adler sein Auge auf die Sonne. Und darum soll man nicht
sein Augenmerk auf einen hochgestellten Menschen richten, der wie die Blume verwelkt. Hierin habe ich gefehlt
aus Liebe zu einem edlen Menschen.

Nun sage ich dir: Jedes Mal, wenn ich auf diese Weise
sündigte, hat Gott mir diese Sünde entweder durch ir-
gendwelche Ängste oder Schmerzen offenbar gemacht. So
geschah es auch jetzt um deinetwillen, wie du selbst weißt.

… Weh mir Mutter, weh mir Tochter! Warum hast du
mich wie eine Waise zurückgelassen? Ich habe den Adel
deiner Sitten geliebt, deine Weisheit und deine Keuschheit, deine Seele und dein ganzes Leben, so dass viele sag-
ten: ›Was tust du?‹ Nun sollen alle mit mir klagen, die
Schmerz leiden gleich meinem Schmerz; die aus Gottes
Liebe in ihrem Herzen und Gemüt Liebe zu einem Menschen trugen, wie ich sie zu dir gehabt – einem Menschen, der ihnen in einem Augenblick entrissen ward, so
wie du mir entrissen worden bist. … Gedenke deiner armen Mutter Hildegard, auf dass dein Glück nicht dahin-
schwinde.«

Bassum, 1152. Das Stift, in dem Richardis ihre Arbeit aufgenommen hat, liegt in einer Gegend, die sich von der atemlosen Ruhelosigkeit des Bingener Umlandes zutiefst unterscheidet. Hier in Bassum scheint die Zeit langsamer zu gehen. Bremen als nächstgrößere Stadt ist eine knappe Tagesreise entfernt. Es gibt nur wenige kleine, weit verstreute Siedlungen. Die Landschaft ist von kleinen Bachtälern gewellt, sandig und teilweise unfruchtbar im Wechsel mit Wäldern und ausgedehnten Moorlandschaften. Im Wasserbau erfahrene Holländer hatten im Auftrag des Erzbischofs ein Großteil der Sümpfe des moorigen Bremer Umlandes entwässert und systematisch erschlossen.

Richardis geht es nicht gut. Anfang des Jahres erhielt sie die Nachricht, dass ihre Schwester Luitgard, inzwischen verheiratet mit dem Grafen Hermann von Winzenburg, ermordet wurde, mitsamt drittem Ehegatten. Und obwohl Luitgard ein wenig rühmliches Leben geführt hatte, war sie doch ihre Schwester, ihr eigen Fleisch und Blut.

Die Familie ist klein geworden, es gibt nur noch ihre Mutter, die Marktgräfin von Stade, ihren Bruder Hartwig, den Erzbischof von Hamburg-Bremen, und Nichte Adelheid, die inzwischen als Äbtissin von Gandersheim ihren eigenen Weg geht. Und Hildegard, der sie sich eng verbunden fühlt, als wäre sie Teil der Familie.

Es vergeht kein Tag, an dem Richardis nicht an Hildegard denkt. An die Zeit auf dem Disibodenberg, als Richardis noch jung zu der Ehre kam, der Magistra bei den Schreibarbeiten zur Seite zu stehen. An das große Gefühl, Teil der Vertrauten um die verehrte Prophetin zu sein. Aber auch an die Umklammerung, die immer erdrückender wurde, als Hildegard in schweren Zeiten Rückhalt suchte und vergaß, dass auch Richardis' Familie Rückhalt brauchte.

Hatte sie, Richardis, tatsächlich gegen Gottes Willen

gehandelt, als sie nach Bassum ging, um die Stelle der Äbtissin anzutreten? War es wirklich derart falsch gewesen, dem Ruf nach Höherem zu folgen? Aber sie tat es doch nur zum Guten, für ihre Familie und letztendlich auch für Hildegard.

Richardis ist verzweifelt. Zwei Seelen schlagen in ihrer Brust, drohen, sie zu zerreißen.

Und nun dieser Brief! Als Richardis ihn liest, überwältigt sie der Schmerz. Ach, hätte Hildegard sie doch freiwillig ziehen lassen, wie sie Adelheid nach Gandersheim gehen ließ. Sie muss zurück ins Rheingau, ihren Bruder bitten, sie aus dem Amt der Äbtissin zu entlassen.

Unter Tränen ersucht sie ihren Bruder, auf den Rupertsberg zurückkehren zu dürfen. Hartwig, der seine Schwester noch niemals so verzweifelt erlebt hat, stimmt nach einigem Zögern zu. Die hohe Würde abzugeben ist jedoch nicht so einfach. Ein förmlicher Antrag wird gestellt, ein Prüfungsverfahren eingeleitet. Auch der Papst muss seine Zustimmung geben. Doch bevor Richardis die Reise zum Rupertsberg antreten kann, erkrankt sie schwer. Ihre zerrissene Seele kann der Krankheit nicht standhalten. Sie wird niemals im Kloster Rupertsberg ankommen.

Am 29. Oktober 1152 stirbt Richardis von Stade im Kreise der Schwestern im Stift Bassum. Zur selben Zeit befindet sich ihr Bruder Hartwig auf der Reichsversammlung zu Würzburg. Als er in Bassum eintrifft, ist es bereits zu spät.

Die Nachricht von Richardis' Tod erschüttert Hildegard zutiefst. Fassungslos liest sie die Zeilen, die sie von Erzbischof Hartwig, Richardis' Bruder, erhalten hat: »Ich melde dir, dass unsere Schwester, meine, nein deine – meine dem Leibe, deine dem Geiste nach –, den Weg allen Fleisches gegangen ist und dass sie die Ehre, die ich ihr verschafft habe, gering geschätzt hat. ... Auch hat sie sich unter Tränen aus ganzem Herzen nach deinem Kloster zurückgesehnt und sich dem Herrn durch Seine Mutter und den heiligen Johannes empfohlen. ... Daher bitte ich dich, wenn ich dessen würdig bin, so sehr ich vermag: Du wolltest sie lieben, so sehr, wie sie dich geliebt hat. Und scheint sie irgendwie gefehlt zu haben, so gedenke wenigstens – da dies nicht auf sie, sondern auf mich zurückzuführen war – ihrer Tränen, die sie über das Verlassen deines Klosters vergossen hat; dessen waren viele Zeugen. Und wenn der Tod sie nicht daran gehindert hätte, wäre sie nach der eben erhaltenen Erlaubnis zu dir zurückgekehrt. Da sie aber durch den Tod davon abgehalten wurde, so wisse, dass ich statt ihr, so Gott will, kommen werde. Aber Gott, der Vergelter alles Guten, möge dir hier und in Zukunft nach deinen Wünschen alles Gute vergelten, das du allein ihr unter allen und vor allen Verwandten und Freunden erwiesen, wofür sie Gott und mir gedankt hat.«

Dieser Brief ist ein Eingeständnis des Erzbischofs, dass er an das durch Hildegard verkündete Wort Gottes glaubt, der nun straft, weil Richardis den Platz angenommen hat, den er nicht für sie vorsah. Das widerspricht all dem, was Hildegard im »Scivias« schrieb: Denn Gott ist voller Verständnis und straft nicht, wenn der Sünder Abbitte leistet.

Und trotzdem, voller Schmerz, denkt Hildegard diesen Gedanken zu Ende: Richardis starb, weil sie nicht Gottes Willen nachkam! So schreibt sie einen bitteren Brief an Richardis' Bruder Hartwig, der all ihr Innerstes nach außen kehrt: »Oh, wie groß ist das Wunder bei der Rettung jener Seelen, auf die Gott so geschaut hat, dass Sein Ruhm in ihnen nicht verdunkelt wird! Doch Gott wirkt in ihnen wie ein starker Streiter, der danach eifert, dass er von niemandem überwunden wird und sein Sieg

Bestand hat. Nun höre, o Teurer: also geschah es mit meiner Tochter Richardis, die ich meine Tochter und sogleich meine Mutter nenne. Denn mein Herz war voll von Liebe zu ihr, weil das Lebendige Licht in einer starken Schau mich lehrte, sie zu lieben.«

Und Hildegard schreibt weiter: »Gott hat mit solchem Eifer von ihrer Seele Besitz ergriffen, dass die Lust der Welt sie nicht zu umgarnen vermochte; sie kämpfte vielmehr ständig dagegen, obgleich sie wie eine Blume erschien in der Schönheit und Zier und Symphonie dieser Welt. Doch als sie noch im Leibe weilte, hörte ich in einer wahren Schau von ihr sagen: ›O Jungfräulichkeit, du stehst im königlichen Brautgemach!‹ Denn im jungfräulichen Reis ist sie eingereiht in die hochheilige Ständeordnung. ... Und doch wollte die alte Schlange sie durch den hohen Adel ihres Geschlechts von dieser seligen Ehre abziehen. Da aber zog der höchste König diese meine Tochter an sich und schnitt allen menschlichen Ruhm von ihr ab. ... Auch ich verbanne aus meinem Herzen den Schmerz, den du mir bereitet hast mit dieser meiner Tochter.«

Hildegard ist nur ein Mensch. Sie mag ihren unseligen Anteil am Tod ihrer Mitschwester erkennen. Dennoch muss sie die Schau, die Richardis den Platz im Rupertsberg zuwies, verteidigen, auch wenn ihr manchmal Zweifel kommen, ob sie Gott in dieser Schau auch richtig verstanden hat – hat verstehen wollen.

Von diesem Zeitpunkt an wird Hildegard Gefühle der Liebe und Sehnsucht niemals mehr zulassen. Kraft, Ausdauer und charismatische Stärke kehren wieder an ihre gewohnte Stelle. Von nun an ist sie nur noch eine Prophetin im Geiste Gottes. All das, was sie in ihrem tiefsten Glauben darstellt, dient nur noch einem: Gott zu ehren und die Menschen zur Menschlichkeit zu mahnen!

Adelheid von Gandersheim bleibt Hildegard weiter verbunden und erweist sich trotz ihrer Jugend als hervorragende Äbtissin. Im Jahre 1160 übernimmt sie zusätzlich das Amt der Äbtissin im Kanonissenstift Quedlinburg.

Mit Richardis' Mutter, der Marktgräfin von Stade, versöhnt Hildegard sich in ihrem gemeinsamen Leid. Nur wenig später zieht die Gräfin ins Kloster Rupertsberg, um bei Hildegard ihren Lebensabend zu verbringen.

7. Kapitel

Briefwechsel

Sieben Jahre vergehen, bevor Hildegard die nächste Visionsschrift verfasst. Doch bis dahin ist sie nicht untätig.

Die stetige Schau erfüllt ihr innerstes Wesen, durchdringt sie mit Weisheit und Liebe. Ihr Rat ist gefragt, täglich treffen Briefe ein.

Das Leben ist hart. Geistliche wie auch Adelige und Laien sehen sich ständig mit menschlichen Schwächen konfrontiert und der Todesbedrohung durch Hunger und Krankheit, Fehden und Überfälle. Das Schicksalsrad dreht sich unabwendbar, mal hebt es den Menschen in die Höhe, mal lässt es ihn in die Tiefe stürzen. Selbst der gelehrte Geschichtsschreiber Bischof Otto von Freising erkennt das Rad der Fortuna als treibende, von Gott geführte Kraft, die Volk oder Herrscher bald erhebt, bald stürzt.

So steht im »Carmen Buranum«, von einem Scholaren gedichtet:

>»O Fortuna,
>rasch wie Luna,
>wechselhaft und wandelbar,
>ewig steigend
>und sich neigend:
>Fluch der Unrast immerdar!
>...
>Hier erhoben,
>dort zerstoben,
>so entsteht, was bald vergeht;

als Bedrängnis
und Verhängnis
hangst du über meinem Haupt ...«

Ähnlich klingt es in der Geschichte vom glücklichen Ritter Heinrich, der, in der Blüte seiner Jugend und Weltfreude, plötzlich an Lepra erkrankte und fortan von den Menschen gemieden wurde.

»Sein schwebendes Herz, das hörte auf zu schwingen,
seine schwimmende Freude ertrank,
sein Hochgefühl musste fallen,
sein Honig ward zur Galle.
Ein rascher, finsterer Donnerschlag
zerbrach ihm seinen Mittag.«

Tiefe Hoffnungslosigkeit über irdische Unwegsamkeiten lässt die Menschen das Heil in göttlichen Weisungen suchen, um das Leben erträglich, ja, vielleicht sogar angenehm zu machen.

In ihren bilderreichen Antworten an die Ratsuchenden offenbart Hildegard ihr umfangreiches Wissen und den hochsensiblen Zugang zu den Menschen und Bedürfnissen. Ihre Ratschläge geben Hoffnung, lassen das Licht in der Dunkelheit heller werden. Sie erkennt das Innerste der Fragesteller, stellt die problematische Seite heraus, um gleich darauf den richtigen Weg zu zeigen, anzuspornen.

Hildegards seligmachende Antworten sprechen sich schnell herum, werden in großer Runde vorgelesen.

Manche sehen in ihr ein Orakel, wünschen einen Blick in die Zukunft. Doch obwohl Hildegard auch in ihren Briefen als Bote des göttlichen Lichts antwortet, gesteht sie ganz freimütig, wenn ihr der gewünschte Blick versagt ist. Nur selten weist sie auf zukünftige Ereignisse hin, wenn die innere Schau es ihr zeigt. Einzelne Schicksale jedoch offenbart sie nicht. Sie ahnt nicht, dass Jahrhunderte nach ihrem Tod die wenigen, allgemein gehaltenen Voraussagungen vom Prior Gebeno im »Zukunftsspiegel« veröffentlicht und immer wieder abgeschrieben werden, bis ihr der Ruf einer die Zukunft voraussagenden Heiligen anhaftet.

Boten kommen und gehen, Hunderte von Anfragen und Antworten reisen zum Rupertsberg und von dort bis über die Landesgrenzen hinaus – in die Niederlande, nach Frankreich, in die Schweiz, nach Italien, ja, selbst nach Griechenland. Endlich gibt es einen Weg, mit Gott zu kommunizieren und seine Sichtweise zu unsicheren Fragen und ganz persönlichen Trost zu erhalten. Und noch etwas fasziniert die Ratsuchenden: Im Gegensatz zum Dialog mit anderen Geistlichen sind die Antworten zumeist warmherzig und voller Verständnis und selbst bei strengem Tadel immer mit der Aussicht auf Erlösung.

Nicht nur Laien, Nonnen, Mönche und Priester hoffen auf persönliche Worte. Bischöfe, Papst und König übermitteln ihre Ehrerbietung und Bewunderung an die ehrwürdige Magistra vom Rupertsberg.

Auch Hildegards musische Seite bleibt nicht unentdeckt. Bis nach Paris hin sind ihre Kompositionen bekannt und finden große Beachtung. Andere Abteien wünschen sich Lieder zu Heiligenfesten und Kirchweihen. Hildegard erfüllt diese Anliegen mit Freude, verfasst ihre Dichtungen in der symbolträchtigen Sprache der Zeit.

Die immer häufigere Bitte nach einer Abschrift des »Scivias« verlangt von den fleißigen Nonnen im Skriptorium ein kaum zu bewältigendes Arbeitspensum. Dabei sind es nicht nur benediktinische Klöster, die die Visionsschrift studieren wollen, auch Zisterzienserklöster sind interessiert.

Bald kann Hildegard die tägliche Flut der Anfragen nicht mehr bewältigen. Als Klostervorsteherin hat sie auch die Nonnen anzuleiten, das tägliche Pensum an Gebeten und Gesängen abzuhalten, viele Ratsuchende persönlich zu empfangen und zu trösten.

Daneben widmet sie sich seit ihrer Ankunft auf dem Rupertsberg einem Thema, zu dessen Niederschrift sie eine Vision aufgefordert hat: »Über die Feinheiten der verschiedenen Naturen der Geschöpfe.« Eine Schrift, die Hildegards naturwissenschaftliche Beobachtungen erfasst und das Wesen richtiger Lebensordnung und Lebensführung beschreibt. Dazu die Heilwirkung aller Naturgegenstände, der Pflanzen und Bäume, der Elemente und Tiere, der Metalle und Mineralien.

Bald werden befreundete Klöster gebeten, in ihren Skriptorien bei der Abschrift des »Scivias« zu helfen. Im Rupertsberg beginnen die Nonnen unter Volmars Anleitung, Abschriften der gängigsten Antworten anzufertigen und dorthin zurückzuschicken, wo die Anfragen allgemeiner Art sind.

Individuelle Anfragen jedoch brauchen Zeit. Hildegard muss sich versenken, um die passende Antwort zu empfangen. Oft erhält sie ungeduldige Nachfragen, ob denn der Brief nicht angekommen sei und warum denn die sehnsüchtig erwartete Antwort noch ausstehe? In der Annahme, dass ihr das notwendige Material fehlt, wird Pergament gesandt.

Hildegard will sich jedoch nicht drängen lassen. Sie nimmt sich Zeit und betont auch in nahezu jedem Brief, dass die nun folgende Antwort nicht von ihr kommt, dem leeren Gefäß, der armseligen, ungelehrten Frau, sondern von dem lebendigen Licht, dem Schöpfer.

In Elisabeth, einer jungen Nonne vom Kloster Schönau, findet Hildegard eine Briefpartnerin, die – ähnlich wie sie selbst – auch Visionen empfängt. Die erste Vision empfing Elisabeth im Alter von dreiundzwanzig Jahren, zur Pfingstzeit. Seitdem erhält sie zumeist an kirchlichen Festtagen visionäre Botschaften, vor allem apokalyptische Mahnrufe, und immer in einem entrückten Zustand. Ihr Bruder Egbert, auf ihr Drängen hin ebenfalls Mönch in Schönau, zeigt lebhaftes Interesse, zeichnet die Visionen auf und schickt sie – nach stilistischer Korrektur – an seine Freunde weiter. Nun aber werden Elisabeths Visionen verspottet und unter ihrem Namen verfälscht verbreitet, und sie wendet sich ratsuchend an die von ihr hoch verehrte Hildegard.

»Allein das Gerede der Menge würde ich noch leicht ertragen, wenn nicht auch die, die das Ordensgewand tragen, mein Herz gar bitter betrübten. Denn auch sie spotten, ich weiß nicht wodurch angestachelt, über die Gnade des Herrn in mir und scheuen sich nicht, anmaßend Dinge zu beurteilen, die sie nicht verstehen. Ich höre, dass sie sogar etliche Briefe, die sie nach eigener Sicht verfasst haben, unter meinem Namen in Umlauf bringen. Zudem verbreiten sie das Gerücht, ich hätte über den Tag des Jüngsten Gerichtes prophezeit, was ich mir jedoch nie herausgenommen habe, da das Wissen über seine Ankunft jedem Sterblichen entzogen ist.«

Dann beschreibt Elisabeth ausführlich die Prophezeiungen, die sie in Wahrheit bekommen hat, allesamt Mahnworte zur Buße. Jemand aber hatte die Predigt verfälscht in Köln als schreckliche Drohung verlesen, und nun sorgt sich Elisabeth um ihren Ruf.

Hildegard, die als Verkünderin der Worte Gottes nur als Sprachrohr wirkt und daher vor derartigem Widerstand und zerstörerischem Unfug gefeit ist, versteht die Nöte der jungen Nonne: »Höre, meine bekümmerte Tochter! Die Einflüsterung der ehrgeizigen Schlange sucht manchmal gerade die Menschen, die Gott durch seine Eingebung unterwies, mürbe zu machen.« Dann gibt Hildegard ihr einen wichtigen Rat, den Elisabeth später begeistert anzuwenden weiß: »Und jetzt höre weiter! Die danach verlangen, Gottes Werke zu vollbringen, müssen stets beachten, dass sie, weil Menschen, Gefäße von Ton sind ... Das Himmlische sollen sie dem überlassen, der himmlisch ist, weil sie selbst Verbannte sind, die das Himmlische nicht kennen. Sie künden die Geheimnisse nur wie eine Posaune, die den Ton zwar erklingen lässt, ihn aber nicht selbst hervorbringt. Denn ein anderer bläst in sie hinein, damit sie töne.«

Hildegard ahnt nicht, dass sich Elisabeth von Schönau, die ihre Visionen fortan als Sprachrohr verbreitet, Jahre später auf Drängen ihres Bruders für einen Papst einsetzt, der nicht von der Kirche, sondern vom Kaiser gewählt worden ist.

Neben den verständnisvollen Ratschlägen übermittelt Hildegard immer häufiger auch Mahnungen des strengen Gottes, ganz in der Tradition der großen Propheten.

Die Zeiten sind nicht einfach, auch nicht für Äbte. Viele Klöster beherbergen Mönche, die nicht aus freien Stücken eingetreten sind. Adelige Familien, die ihre jüngeren Söhne nicht als Ritter ausbilden können oder wollen, sehen einen guten Verwahrungsort im Kloster. Zum einen, um für die Seelen der Familie zu beten. Aber auch, um unliebsame Störenfriede, die den ältesten Bruder am Antritt des Erbes hindern könnten, anderweitig unterzubringen.

Andere kommen, um sich der Unterdrückung durch ihre Herren zu entziehen oder wegen mangelnder Aussicht in der Welt aufgrund von Gebrechen, Armut oder Dummheit. Bei Großfamilien werden die Kinder ins Kloster geschickt, die verkrüppelt oder lahm, mit einem

Kropf oder Buckel belastet, schwerhörig oder blind, gichtig oder leprakrank sind.

Nicht alle, die sich dem Wort Gottes verschreiben, halten es auch ein. Für so manchen Abt, der neben wenigen strahlenden Lichtern vor allem düstere Seelen beherbergt, bedeutet es eine große Bürde, als Vorsteher über Zucht und Ordnung zu wachen. In vielen Konventen, gleich, ob Mönchs- oder Nonnenkonvent, ist der Wunsch der Oberen groß, dieser Last zu entfliehen und von ihrem Amt zurückzutreten.

Hildegard lehnt diese Lösung ab, tritt für Pflichterfüllung und Durchhaltevermögen ein und verweist immer wieder auf die Regel Benedikts, in der die rechte Mischung von Härte und Milde empfohlen wird. Discretio und Ratio sind der Schlüssel – die Gabe, das rechte Maß zu finden und darüber hinaus vernünftig zu urteilen.

Aber Hildegard belässt es nicht nur bei guten Ratschlägen, sie tritt auch denen zur Seite, die es trotz ernsthafter Bemühungen aus eigener Kraft nicht schaffen.

Dem Abt Berthold des Doppelkloster Zwiefalten kommt Hildegard mit einem Brief an die murrenden, intriganten und zuchtlosen Mönche mit deutlichen Worten zur Hilfe: »Denn ihr wollt – obgleich ihr im Kloster seid – die Leber in euren Lenden nicht zähmen. Warum schämt ihr euch nicht, ihr, die ihr dem Eselsstall entrissen und vom höchsten Herrn in den erhabenen Ehrendienst heiliger kirchlicher Feiern gestellt worden seid, wie Dummköpfe wieder in den Eselsstall zurückzulaufen? ...

Ach, welcher Schmerz über dieses Elend! ... Flieht das, auf dass euer Heil schnell komme. Gebraucht eure Augen und wandelt auf rechtem Wege!«

Seit Hildegard im Kloster Rupertsberg lebt, werden immer häufiger Belange des Weltgeschehens an sie herangetragen.

Mit kritischem Blick auf das Zeitgeschehen zeigt sie auf Missstände, weist darauf hin, wo Umkehr und Buße notwendig sind. Sie scheut auch nicht davor zurück, hohe Würdenträger in ihre Schranken zu weisen.

Denn Gott mahnt nur, um zu heilen und zu retten. Hildegard verkündet die Gerechtigkeit Gottes, die Unrecht straft und Gutes adelt, ganz in Eigenverantwortlichkeit des einzelnen Menschen. Niemand ist einem wankelmütigen Schicksal oder gar dem Schicksalsrad der Fortuna ausgesetzt. Jeder kann selbst bestimmen, ob das Leben im Himmel oder in der Hölle endet. Derjenige, der seine Schuld erkennt und Buße tut, findet am Ende die Erlösung, den Weg ins ewige Himmelreich.

Der Mensch als Kind Gottes hat Anteil am hellen Licht, denn Gott schuf ihn nach seinem Bildnis. Er steht dem Menschen gegen alle Versuchungen bei. Denn Gott ist stärker als der Teufel, der Zwietracht schafft, Neid, Ausschweifung und all die Laster, die ihm und anderen schaden. Wer in Gott lebt, lebt im Licht.

Immer wieder weist Hildegard darauf hin, dass alle Probleme lösbar sind, indem der Mensch auf Gott vertraut und die ihm innewohnenden Tugenden einsetzt. Entschlossenheit bei Wankelmut, Großzügigkeit bei Kleinmut, Geduld bei Zorn, Zuversicht bei Schwermut. Ganze fünfunddreißig Entsprechungen notiert Hildegard, jedem Laster steht eine Tugend gegenüber.

Doch obwohl sie den Menschen immer wieder konkrete Ratschläge gibt, werden ihre Anweisungen nicht immer befolgt. Hildegard bleibt geduldig, zeigt unermüdlich auf, dass richtiges Handeln ein ganz konkreter Schritt zur Lösung ist.

So schreibt sie dem müde gewordenen Abt Manegold vom Benediktinerkloster Hirsau zu den Schwierigkeiten, seine Mönche anzuleiten: »O Vater und mildester Bruder, ich sehe in dir etwas wie eine untaugliche Neigung zum Erschlaffen und Vergessen. Auch sehe ich in deiner Seele und in deiner Herde das Feuer nicht stark brennen. ... Und so nimmst du eine Geisteshaltung ein, als ob du schliefest. Das darf nicht sein! ... Er, der sie (die Geschöpfe) am Jüngsten Tage um sich sammelt, möge das Feuer in dir aufs stärkste entfachen.«

Aber der Abt vermag nicht, ihrem Rat nachzukommen, und bittet in seiner Handlungsunfähigkeit erneut um Hilfe. Hildegard wird deutlicher: »O du, der du Vater in deinem Amt und Bruder in der Liebe Gottes bist, wische aus dem Auge deines Herzens die Geistesunruhe und schüttele die Traurigkeit in Bezug auf dich und deine Herde ab. Denn jetzt ist die Zeit des Kampfes in der Lebensführung der Menschen gekommen, weil sie nicht in der Zucht noch in der Strenge der Gottesfurcht stehen.«

Der Abt kann seine Nachgiebigkeit noch immer nicht in Strenge und Durchsetzungskraft wandeln, und die Mönche von Hirsau nutzen dieses weidlich aus. Wieder zeigt Hildegard die Lösung auf und wieder in deutlicheren Worten: »Nun mahne ich dich, deinen Jüngern Zügel anzulegen und nicht zu erlauben, dass sie Böses wider dich reden. Das wahre Licht spricht zu dir: Warum schlägst du die nichtswürdigen Knechte nicht, die dir insgeheim nachstellen wie stechende Spinnen? Sei also äußerst wachsam! Das fordert jetzt der sittliche Zustand deines Volkes.«

Hatte Abt Manegold erwartet, eine göttliche Kraft löse das Problem ohne sein Zutun? Der Gedanke, selbst sein Schicksal in die Hand nehmen zu können, ist ihm neu und offensichtlich zu anstrengend. Aktives Tun nach Willen Gottes tritt an die Stelle von Beten und Abwarten. Mehrfach weist Hildegard ihm den Weg: den Mönchen Grenzen zu setzen, damit sie ihn und Gottes Willen respektieren. Doch der Abt ist zu kraftlos, um den Rat umzusetzen.

Als er stirbt, hinterlässt er ein Kloster mit zügel- und respektlosen Mönchen.

Obwohl Hildegard für andere Menschen immer einen guten Rat bereithält, stößt auch sie an Grenzen, als ein politisches Intrigenspiel einen ihrer engsten Vertrauten zu zerreißen droht.

Der Mainzer Erzbischof Heinrich, der dem Papst bei der Trierer Synode ihre Visionsschrift vorlegte und erst durch sein Intervenieren den Umzug auf den Rupertsberg möglich gemacht hat, soll abgesetzt werden! Ihm wird Vergeudung von Kirchenbesitz vorgeworfen. Hildegard weiß, dass er sich einiges hat zuschulden kommen lassen. Oft genug hat sie ihn gemahnt, von den vermessenen Handlungen abzulassen.

Aber ist das wirklich der wahre Grund? Viele der Geistlichen, die auf die Absetzung des Erzbischofs drängen, sind in die Sache verstrickt, versuchen, sich mit ihrer Abkehr reinzuwaschen. Es ist doch offensichtlich, dass Heinrich sich inmitten politischer Fallstricke befindet, die von Menschen gelegt wurden, die noch weit schwerwiegendere Missstände zu verantworten haben!

Auch Bernhard von Clairvaux, dessen Stern nach dem gescheiterten Kreuzzug zu sinken beginnt, schließt sich dieser Ansicht an: Heinrich ist von falschen Brüdern umgeben, die ihn allesamt zu Fall bringen wollen.

Politisch jedoch hat Heinrich keinen guten Stand mehr. Bei der Königswahl von Barbarossa enthielt er sich seiner Stimme und wurde daraufhin von der Regierung ausgeschlossen.

Nun gibt es niemanden mehr, der ihrem Gönner eine gerechte Verhandlung zugestehen mag. Hildegard muss handeln, damit der Schutzherr ihres Klosters nicht einer Intrige zum Opfer fällt. Denn trotz Konflikten mit der

Kurie und dem König hatte Heinrich nicht derart gegen die gesetzten Normen verstoßen, dass seine Absetzung gerechtfertigt werden könnte. Und so entsendet sie einen Boten nach Rom, mit einem energischen Brief im Gepäck.

»Vom höchsten Richter ergeht an dich die Weisung: Die gewichtigen und gottlosen Tyrannen entwurzele und weise sie von dir, dass sie nicht in ihrer ganzen Lächerlichkeit in deiner Gesellschaft stehen. ...

Darum, o Hirte der Schafe, vernimm Folgendes über jenen Bischof, der von vielen schwer bedrängt wird. ... Obgleich der Mensch wegen seiner Missetaten verdient, vor Gericht gestellt zu werden, so gefällt es Mir doch nicht, dass der Mensch sich selbst das Urteil anmaßt nach seiner Willkür. Das will Ich nicht. Entscheide du vielmehr diese Rechtssache nach der tief inneren mütterlichen Barmherzigkeit Gottes, der den Bettler und Dürftigen nicht von sich weist, denn Barmherzigkeit ist Ihm lieber als Opfer. In diesem Fall aber wollen die Schwarzen die Schwärze abwaschen durch ihre eigene Schändlichkeit, obgleich sie doch selbst beschmutzt sind und taub im Graben liegen.«

Ein mutiger Brief, selbst für eine Verkünderin der göttlichen Botschaft. Dem Papst vorzuschreiben, was er zu tun hat, ist gefährlich. Auch wenn er Hildegard wohlgesonnen ist und ihre Fähigkeiten hochschätzt. Denn schon im Fall des Kampfes um Richardis von Stade hatte er sie zur Demut gemahnt.

Papst Eugen III. steht dem Erzbischof nicht freundlich gegenüber. Und selbst wenn er wollte, könnte er an dessen Abberufung nichts ändern. Für König Friedrich Barbarossa ist die Absetzung des Erzbischofs beschlossene Sache. Dafür reizt er alle Möglichkeiten der Einflussnahme über Gebühr aus, die ihm seit dem Wormser Konkordat als weltlicher Herrscher noch geblieben sind.

Hildegard bleibt nur noch ein Weg: an den König selbst heranzutreten. Und zwar mit der geballten Macht der mahnenden Schau! Denn es steht einem weltlichen Herrscher nicht zu, sich in innerkirchliche Angelegenheiten zu mischen.

»O König, es ist dringend notwendig, dass du in deinen Handlungen vorsichtig bist. Ich sehe dich nämlich in der geheimnisvollen Schau wie ein Kind, einen unsinnig Lebenden vor den lebendigen Augen (Gottes). Noch hast du Zeit, über irdische Dinge zu herrschen. Gib Acht, dass der höchste König dich nicht zu Boden streckt wegen der Blindheit deiner Augen, die nicht richtig sehen, wie du das Zepter zum rechten Regieren in deiner Hand halten musst. Darauf habt Acht: Sei so, dass die Gnade Gottes nicht in dir erlischt!«

Das Schicksal des Mainzer Erzbischofs ist jedoch besiegelt. Friedrich Barbarossa lenkt weder ein, noch antwortet er der erbosten Magistra. Die von Papst Eugen III. gesandten Kardinallegaten können die Absetzung Pfingsten 1153 auf dem Hoftag in Worms nur noch ausführen.

An seine Stelle tritt Arnold von Selenhofen, ehemaliger Kanzler unter König Konrad III. und Probst von St. Peter in Mainz, der in der Angelegenheit als Opponent Heinrichs zum eigenen Vorteil agiert hatte. Wie soll Hildegard ihm begegnen, weiß sie doch, dass er einer der falschen Brüder war, die Heinrich zu Fall brachten?

Arnold tritt ein schweres Erbe an. Er kommt aus dem neuen Stand der Ministerialen, ehemaliger Unfreier, die durch Tüchtigkeit im Dienst adeliger Herren zu eigenen Rechten kommen. Der alteingesessene Adel lehnt diesen neuen Stand ab. Als Zeichen heftiger Opposition beginnen Adelige, darunter Pfalzgraf Hermann von Stahleck, das Erzstift sowie Kirchen und Burgen zu plündern. In Mainz herrscht Ausnahmezustand, es gilt, die Macht zurückzugewinnen, die im Strudel der Intrigen gegen den ehemaligen Erzbischof Heinrich verloren gegangen war.

Der ehrlos abgesetzte Heinrich aber stirbt nur wenige Monate nach dem Entscheid, im September des Jahres 1153, im Exil.

Vor ihm aber segnet am 8. Juli überraschend Papst Eugen III. das Zeitliche. Und auch Bernhard von Clairvaux stirbt am 20. August den öffentlichen Tod vor den Augen seiner Mönche und herbeigeeilter Äbte und Bischöfe.

Die wichtigsten Unterstützer Hildegards sind nicht mehr am Leben. Erzbischof Arnold von Selenhofen, dem Hildegards Einsatz für den abgesetzten Heinrich nicht verborgen geblieben ist, zweifelt öffentlich an Hildegards Offenbarungen, erkennt sie jedoch nach einer schriftlichen Mahnung der Magistra als Prophetin an. Mit einem gewissen Sarkasmus: Gott könne ja jeden dazu auserwählen, den Ackermann wie den Kuhhirten oder sogar den Esel, dem er menschliche Stimme verleiht!

Niemand, der die höhnische Ablehnung des neuen Erzbischofs wahrnimmt, würde jemals glauben, dass es eben dieser Mann ist, der Hildegard eines Tages die größte Last von den Schultern nehmen wird. Wenn auch nicht ganz aus freien Stücken …

8. Kapitel

Ringen um Unabhängigkeit

Das Kloster Rupertsberg ist inzwischen gut ausgestattet. Es fehlt weder an materiellen Mitteln noch an Naturalien. Alle Ausgaben für Kleidung und Nahrung sind zur Genüge gedeckt. Neben der Kapelle und den Konventräumen ist inzwischen auch eine Großküche entstanden, eine Vorratskammer, eine Bäckerei und eine Klosterapotheke. Daneben Wohnungen für die Bediensteten und ein Gästetrakt. Alles ohne belastenden Prunk, aber durchaus großzügig.

Um die Nonnen bei ihrer Arbeit in der Schreibstube und in den Werkräumen, in denen liturgische Gewänder gefertigt werden, zu entlasten, gibt es Dienstboten. Ganz in Annahme der gottgegebenen Ordnung, die eine Verteilung der Rollen auf Erden vorsieht. Denn laut Hildegard geziemt es sich nicht, dass der Priester die Pflichten eines Bauers, der Schüler die des Meisters und die Nonne die Aufgaben einer Magd übernimmt.

Die Stimmung der Nonnen ist inzwischen ausgeglichen, ja fast schon fröhlich. Bis auf eine kleine Minderheit, die Hildegard unerträglichen Druck von Zucht und Ordnung vorwirft. Aber was soll Hildegard tun? Aufmüpfigkeit und die Verstrickung in eitle Nichtigkeiten kann sie nicht zulassen. Wo der Respekt fehlt, müssen Grenzen gewiesen werden.

Diese Unstimmigkeiten sind indes zu bewältigen, auch wenn es manchmal anstrengt. Unzufriedene, murrende Nonnen und Mönche kommen, wie sie aus den zahlreichen Briefen ratsuchender Klostervorsteher weiß, in nahezu jedem Kloster vor.

Es ist etwas anderes, was Hildegard aus tiefem Herzen beunruhigt. Noch immer ist sie abhängig vom Mutterkloster Disibodenberg. Rechtlich darf sie sich nicht einmal Äbtissin nennen, formal ist sie noch eine Magistra.

Eine Klosterkirche wird benötigt, größer als die behelfsmäßige Kapelle. Eine Kirche, die der Größe und dem Status des Klosters Rupertsberg entspricht. Aber ohne die Mitgift der Nonnen ist ein solcher Bau nicht zu finanzieren, und noch immer hält der Disibodenberg all die Besitztümer zurück. Obendrein erhebt es Verfügungsrechte über die gesamten Besitztümer des Rupertsbergs. Und dazu gehören auch all die Schenkungen und Stiftungen, die Hildegard so mühsam für den Aufbau und Erhalt ihres Klosters zusammengetragen hat.

Hildegard ist sich bewusst, dass dieser Zustand bald beendet werden muss. Die Unabhängigkeit des Rupertsberger Klosters ist wichtig und oberstes Ziel, das vorangetrieben werden muss, zumal sie nach dem Tod Heinrichs und Papst Eugen III. spürt, dass der politische Wind schärfer wird.

Es ist das Jahr 1154, als ein Brief des Abts Kuno im Rupertsberger Kloster eintrifft – unerwartet, denn der Kontakt der letzten Jahre war alles andere als freundlich. Er beschränkte sich fast ausschließlich auf Mahnungen zum Ausgleich der Besitztümer seitens Hildegards und dem unerwünschten Eingreifen in die Belange des Nonnenklosters seitens Kunos.

Umso erstaunlicher der versöhnliche Wortlaut des Briefes. Abt Kuno entschuldigt sich, dass er so lange nichts von sich hören ließ, schreibt freimütig von seinen Sünden und bittet Hildegard um Mitteilung, ob sie eine

Offenbarung über den heiligen Disibod, den Schutzpatron des Klosters empfangen hätte.

Hildegards Antwort jedoch offenbart vor allem den tiefen Groll, der noch immer wie ein Stachel in ihr sitzt: »Wie groß ist die Torheit in dem Menschen, der nicht sich selbst bessert, sondern sucht, was im Herzen des anderen ist, und die Missetaten, die er darin findet, gleich gewaltsam ausbrechenden Wassern nicht zurückhält. Wer so tut, vernehme die Antwort des Herrn: O Mensch, warum schläfst du und hast an den guten Werken, die vor Gott wie eine Symphonie erklingen, keinen Geschmack? … Du schlägst mir ins Gesicht, wenn du Meine Glieder in ihren Wunden zurückstößest, ohne auf Mich zu schauen, der Ich doch den Irrenden zur Herde zurücktrage. … Warum scheust du dich nicht, den Menschen zu zerbrechen, den du nicht erschaffen hast? … Gewaltsam willst du ihn bessern. Jetzt aber ist für dich die Zeit deines Dahinschwindens gekommen.«

Es folgt eine Offenbarung über den heiligen Disibod, eine jubelnde Hymne auf ihn und seine Werke, die für alle vorbildlich sind. Ganz im Gegensatz zu den Werken des Abtes Kuno, den sie am Schluss noch einmal mahnt: »Du aber, Vater, der du mich armseliges Gebilde hierum (die Mitteilung dieser Schau) gebeten hast, handele so vor Gottes Angesicht, dass, wenn deine Tage in dieser Welt für dich dahingeschwunden sind, deine Zeit in der Ewigkeit glückselig weiterläuft und du als Erlöster unter den Gerechten stehst.«

Denn noch etwas hatte Hildegard erfahren, und das steht ganz im Gegensatz zu dem schmeichelnden Brief des Abts: Volmar, Hildegards Sekretär und Probst, soll dem Rupertsberger Kloster entzogen werden.

Alle Wunden sind wieder aufgebrochen. Der Zorn, den Hildegard so lange in sich hineinfraß, vergiftet ihr Innerstes. Wieder einmal wird sie schwer krank, doch dieses Mal sieht sie auch einen Zusammenhang zwischen seelischer Verfassung und Krankheit.

»Wenn aber die Seele des Menschen fühlt, dass ihr und ihrem Leibe etwas widerwärtig ist, zieht sie das Herz, die Leber und die Gefäße zusammen«, notiert Hildegard in ihr gerade entstehendes naturheilkundliches Werk. »Dabei erhebt sich um das Herz herum eine Art von Nebel, hüllt das Herz in Dunkelheit, und so wird der Mensch traurig. Nach der Traurigkeit aber erhebt sich der Zorn. … Auch verfällt der Mensch oftmals durch den Zorn in schwere Krankheiten, weil, wenn die einander entgegengesetzt wirkenden Säfte der Galle und der Schwarzgalle wiederholt im Menschen in Aufruhr geraten, sie diesen bisweilen krank machen.«

Erneut muss sie sich der Krankheit beugen, den Grund dafür beseitigen. Und das heißt in diesem Fall, sich der direkten Konfrontation mit dem Disibodenberg stellen und ein für alle Mal die Abhängigkeit beenden.

Hildegard lässt ein Pferd satteln und reitet zum Disibodenberg – trotz Krankheit und der Gefahr, die durch Wegelagerer überall in den Wäldern lauert. Eine knappe Tagesreise dauert der Ritt. Entlang den Ufern der Nahe, vorbei an fruchtbaren Äckern und verwinkelten Weinbergen, über weitläufige Höhen mit atemberaubendem Blick auf schroffe Felspartien und die majestätische Ruhe des Hunsrück. Den bewaldeten Berg hinauf zu dem Kloster, in dem sie ein Großteil ihres Lebens verbracht hat. Und je näher sie ihrem Ziel kommt, desto besser geht es ihr.

Im Disibodenberg angekommen, erklärt sie dem erstaunten Abt den Grund ihres Kommens: Der Herr selbst habe ihr in einer Vision den Weg aus der Abhängigkeit gewiesen, sie müsse der Weisung folgen, wenn sie nicht wieder von Krankheit verzehrt werden wolle.

Und nun erbittet sie die Eigenständigkeit und güterrechtliche Unabhängigkeit ihres Klosters vom Mutterkloster sowie die Übertragung der Fundation der Disibodenberger Frauenklause. Auch wird sie ihren Probst Volmar nicht gehen lassen, unter gar keinen Umständen.

Sie tut es energisch und enthält sich jeder Demutsfloskel oder Unterwürfigkeit: »Wollt ihr aber in eurem Widerstand verharren und gegen uns mit den Zähnen knirschen, so werdet ihr den Amalekitern gleichen und dem Antiochus, von dem geschrieben steht, dass er den Tempel des Herrn beraubt hätte. Haben einige von euch in ihrer Unwürdigkeit gesprochen: ›Wir wollen ihren Besitz verringern‹, so spreche ICH, DER ICH BIN: ›Ihr seid die schlimmsten Räuber! Wenn ihr aber versuchen solltet, den Hirten der geistlichen Heilkunst (Probst Volmar) den Nonnen zu entziehen, dann ... wird Gottes Strafgericht euch vernichten!‹«

Die Mönche reagieren heftig. Diese Frau, die ihnen schon im Disibodenberg so viel Widerstand entgegengebracht hat, maßt sich an, ihnen die Rückgabe eines ihrer Mönche zu verweigern und die Besitztümer des Klosters Rupertsberg, von Recht her dem Mutterkloster zugehörend, an sich zu reißen? Und dazu noch die Mitgift der im Kloster Disibodenberg doch über Jahre wohl versorgten Nonnen? Unmöglich kann man dem zustimmen!

Das Treffen der verhärteten Gegner verläuft entsetzlich, durchzogen von Ereiferungen und gegenseitigen Anschuldigungen. Erbost kehrt Hildegard zum Kloster Rupertsberg zurück und fasst noch einmal ihre Eindrücke in einem Brief an den Abt zusammen: »Ich kam an jene Stätte, wo Gott dir den Stab Seiner Stellvertretung gegeben hat. Einige aus der Schar deiner Brüder tobten wider mich wie gegen einen finsteren Vogel und ein schreckliches Untier. Und sie spannten ihre Bogen gegen mich, damit ich vor ihnen fliehe.«

Hildegard muss noch ein zweites Mal zum Disibodenberg reiten, um sich Gehör zu verschaffen. Doch als Abt Kuno, der harten Verhandlungen müde geworden, einem Kompromiss zustimmt, wird die fast schon errungene Ablösung vom Mutterkloster blockiert. Es ist der 2. Juli 1155, als Abt Kuno unerwartet einer Krankheit erliegt.

9. Kapitel

Politisches Wirken

Friedrich Barbarossa, am 18. Juni 1155 in Rom zum Kaiser gekrönt, ist ein reisender Herrscher, ganz in der Tradition seiner Vorfahren. Deutsche Herrscher haben zu dieser Zeit keine festen Residenzen, es gibt keine Hauptstadt, in der sie sich über eine längere Zeit aufhalten. Ein König – wie auch ein Kaiser – muss seine Herrschaft im Herumreisen ausüben, um sich immer vor Ort seiner Rechte zu versichern. Mit ihm reist sein gesamter Hofstaat, und der umfasst mehrere hundert, zeitweilig sogar über tausend Personen.

Friedrich Barbarossa reist ohne Gemahlin, die kinderlose Ehe mit Adela von Vohburg wurde vor zwei Jahren in Konstanz annulliert. Seine Familie ist die intellektuelle Elite, die er um sich schart und mit der er sich so oft wie möglich austauscht. Auch Bischof Otto von Freising, sein Onkel, einflussreicher Denker und bedeutendster Geschichtsschreiber dieser Zeit, ist häufig Teil des reisenden Hofstaats.

Zuweilen steigt Kaiser Barbarossa in einer königlichen Pfalz ab, die von Wirtschaftshöfen aus der näheren Umgebung versorgt wird und von der aus er Regierungsgeschäfte tätigen oder Feste feiern kann. Es gibt einige Pfalzen, an die fünfzig, viele davon weit abgelegen von den bevorzugten Routen und inzwischen verwaist. Häufigster Anlaufpunkt für den Kaiser sind vor allem die Pfalzen in Frankfurt, Aachen und Goslar.

In Kaiserslautern ist gerade eine neue, großzügig ausgestattete Pfalz erbaut worden, ganz nach den Wünschen des Kaisers. Der zweigeschossige Wohnbau besteht aus kostbarem rotem Sandstein, die nicht minder große Kapelle ist direkt angeschlossen. Auf der einen Seite ist die Pfalz von einer sehr starken Mauer umgeben, die andere Seite wird von einem See begrenzt, in dem alle erdenklichen Arten von Fischen und Wasservögeln leben. Daneben liegt ein Tierpark mit Hirschen und Rehen. Alles so prachtvoll, wie es einem Kaiser gebührt.

In den Pfalzen weiß man ihn gut zu umsorgen, es gibt Verwalter und Bedienstete, die ihm jeden Wunsch von den Augen ablesen und inmitten des unsteten Reiselebens einen ruhigen Pol bieten. Zumindest zeitweise, denn die Ankunft des Kaisers auf einer Pfalz ist immer Anlass für das stetige Kommen und Gehen von geistlichen und weltlichen Amtsträgern, Gelehrten, Dichtern und fahrenden Sängern, aber auch Narren und Huren, die von Hof zu Hof ziehen.

Die höfische Welt liebt die Freude am Leben und an der Liebe. Was schert man sich um das Elend der Welt? Wer traurig ist oder heftige Stimmungen verspürt, hat diese zu unterdrücken, denn es ist die Pflicht eines jeden Einzelnen, Fröhlichkeit zu zeigen. Spiel, Fest, Gesang und Gelage sind an der Tagesordnung, bis der Kaiser wieder packt und seine Reise fortsetzt.

Aus politischen Gründen jedoch besucht Barbarossa weit häufiger Fürstenhäuser, die zur Versorgung des Kaisers und seinem Gefolge verpflichtet sind. Nicht jeder kann es sich leisten, den Kaiser zu verpflegen. An wenigen Tagen werden tausend Schweine und Schafe verbraucht, dazu Unmengen an Getreide, Wein und Bier. So gibt es immer häufiger auch Auseinandersetzungen um die Länge des Aufenthaltes, denn es ist nicht immer ein Zeichen der Ehre, den Kaiser im Hause zu haben, sondern auch eine Frage des Vermögens. Aufgrund der Infrastruktur und der daraus folgenden Routenplanung wird die Gastfreundschaft mancher Fürsten häufiger beansprucht als anderer.

Gastsein ist beim Kaiser immer auch eine Frage der Macht, der Einbruch in feste Territorien, in denen außerhalb der Besuchszeit die Fürsten herrschen. Manche von ihnen lassen sich ihre Dienstbarkeit durch den Erhalt von Privilegien absichern. Andere Fürsten lehnen die Gastfreundschaft ab, verweigern dem Kaiser das Besuchsrecht. Aber es sind nur wenige, abgelegene und meist auch weniger wohlhabende Stammsitze, die für die politische Ordnung und somit für Friedrich Barbarossa nicht entscheidend sind.

Des Öfteren schon war Barbarossa an Bingen vorbeigeritten. Der Weg zur Kaiserpfalz Ingelheim und weiter nach Mainz führt auch auf Straßen entlang, von denen man einen direkten Blick auf das Kloster Rupertsberg hat.

Der Ruf der hervorragenden Leiterin des Klosters, Hildegard von Bingen, ist ihm bereits mehrfach zu Ohren gekommen. Er selbst hat zwei Briefe von ihr erhalten, die ein ungewöhnliches Selbstverständnis für eine Frau dieser männlich bestimmten Zeit offenbaren. Hildegard scheint durch ihre göttlichen Eingebungen immer ganz genau zu wissen, was sie tut, und verkündet es ohne Furcht vor unliebsamen Konsequenzen.

Ihre Schriften und Kompositionen begeistern Geistliche wie weltliche Fürsten. Selbst Bischof Eberhard von Bamberg, einer der engsten Vertrauten des Kaisers, lobt Hildegard als Theologin und weiß von großartigen und weltgewandten Ratschlägen zu berichten.

Erstaunlich für eine Klosterfrau, doch je genauer Friedrich sich die zentrale Lage des Klosters ansieht, desto offensichtlicher ist es: Jeder, der an diesem Knotenpunkt vorbeikommt, wird es sich nicht nehmen lassen, die weithin bekannte Magistra zu besuchen und mit ihr Informationen auszutauschen. Sie wird viel von der Stimmung des Volkes, des Adels und der Geistlichen mitbekommen, es gibt niemanden, der über so vielschichtige Gesprächspartner verfügt.

Kaiser Friedrich Barbarossa ist neugierig geworden. Was wird diese Frau wohl vom Zustand des Landes zu berichten wissen? Gibt es Dinge, die man vor ihm verbirgt, Verschwörungen, die er nicht bemerkt? Und was für eine Meinung hat sie zu der Amtsführung des neuen Papstes Hadrian IV., der dem nach kurzer Amtszeit verstorbenen Anastasius IV. nachfolgte? Wird sie die Wahl des ersten Engländers auf den Papstthron gutheißen? Er ist wenig kompromissbereit, das hatte Friedrich Barbarossa zu spüren bekommen, als er dem Papst den traditionellen Stratordienst, das Zügelführen des päpstlichen Pferdes, verweigerte. Fast wäre seine Kaiserwahl gefährdet gewesen, hätte er sich nicht davon überzeugen lassen, dass es nur eine Geste der Ehrerbietung, nicht aber der Demut war.

Dem Papst steht ein Jurist zur Seite, Roland Bandinelli, der sich als Rechtslehrer in Bologna bewährt hat. Seitdem bemisst sich die Größe der römischen Kirche nach Zahl und Umfang der Besitztitel und der Rechtsmittel, und das ist, so erscheint es dem Kaiser, nicht ganz ungefährlich.

Hildegard, die mit allen wichtigen und einflussreichen Menschen in Kontakt steht, weiß die Lage vielleicht von einem ganz neuen Blickwinkel aus einzuschätzen. Warum sollte er nicht auch sie nach Ingelheim einladen, so wie er auch die intellektuelle Führungselite des Reichs immer wieder zum Austausch einlädt?

Die Kaiserpfalz Ingelheim, unter Karl dem Großen prachtvoll erbaut, liegt an strategisch unbedeutender Stelle und ist mit den Jahren verfallen. Nun aber beginnen Bauarbeiter mit der Erneuerung, um sie wieder in altem Glanz erstrahlen zu lassen. Vor allem der Wohnbau und die Kapelle müssen neu errichtet werden.

Für das Treffen mit der Prophetissa ist der große ehrwürdige Saal vorgesehen, in dem der Kaiser täglich seine Gäste empfängt: kirchliche Würdenträger und Bittsteller, Fürsten und Dichter.

Friedrich Barbarossa liebt den geistigen Austausch und ist dabei modernen Gedanken aufgeschlossen. Als Hildegard schließlich in der Pfalz Ingelheim eintrifft, muss er überrascht feststellen, wie nahe Hildegards Gedanken an der Scholastik sind, der Lehre von Kritik und Analyse. Ja, sie hinterfragt und ergründet Dinge, deren Erklärung bislang als tabu galt, besitzt ein nahezu revolutionäres Naturverständnis.

Hildegard begegnet ihm auf Augenhöhe. Sie stammt ebenfalls aus einer hochadeligen Familie, und immer wieder suchen einflussreiche Adelige ihren Rat. Das Gespräch verläuft anregend und endet mit einer Prophezeiung, deren Inhalt beide als Geheimnis wahren.

Der Kaiser ist beeindruckt, verspricht ihr, sich seines Amtes würdig zu erweisen und gerecht zu urteilen: Discretio und Ratio, ganz im Sinne der Tugenden, die Hildegard immer wieder voranstellt.

In der Zwischenzeit haben sich in Mainz die Unruhen verstärkt. Der neue Erzbischof Arnold will sich vom Pfalzgrafen Herrmann von Stahleck und seinen Anhängern nicht länger derart angreifen lassen. Es kommt zur blutigen Auseinandersetzung, in die Friedrich Barbarossa schließlich eingreifen muss.

Weihnachten 1155 wird der Erzbischof zusammen mit dem Pfalzgrafen und zehn weiteren Grafen auf dem Reichstag in Worms angeklagt. Als Strafe sollen alle Angeklagten eine deutsche Meile weit Hunde tragen. Ein demonstrativer Akt der Buße, der, barfuß und in aller Öffentlichkeit vollzogen, jedem Zuschauer durch die tiefe Symbolik zu verstehen geben soll, dass der Träger des Hundes seinem Herrn, dem Kaiser, nicht gehorcht hat.

Dem Erzbischof wird schließlich, aus Rücksicht auf sein Alter und Ehrfurcht vor seinem Amt, die Strafe erlassen. Die Mahnung des Kaisers allerdings war deutlich.

Auch Hildegards Bruder Hugo ist ein erklärter Gegner des Erzbischofs, ebenso wie viele andere Mainzer Geistliche, die mit Hildegard in engem Kontakt stehen. Hildegard selbst äußert sich nicht, jedenfalls nicht öffentlich. Noch ist sie von der Gunst des Erzbischofs abhängig, noch ist die Unabhängigkeit ihres Klosters nicht vollzogen. Eine pragmatische Überlegung, die sich auszahlen soll.

Als der Pfalzgraf Hermann von Stahleck 1156 stirbt, bestätigt seine Witwe Gertrud vor Kaiser Friedrich Barbarossa und später auch vor dem Mainzer Erzbischof Arnold alle Schenkungen an das Kloster Rupertsberg.

Kurz darauf kommen die brachliegenden Verhandlungen um die Unabhängigkeit vom Disibodenberg wieder in Gang. Plötzlich, so als hätte der Kaiser persönlich den Erzbischof zur Einigung gemahnt, sind alle Parteien wieder bereit, sich an einen Tisch zu setzen und über die Zukunft beider Klöster zu sprechen.

Die Gespräche sind zäh, die Diskussionen leidenschaftlich. Für Hildegard ist es ein Ringen um die Existenz. Der neue Vorsteher des Kloster Disibodenberg,

Abt Helinger, ist ebenso wie sein Vorgänger Kuno bereit, einen praktikablen Kompromiss zu finden. Aber er kann und will Hildegards Forderungen nicht im vollen Umfang erfüllen. So will er der Übertragung der gesamten Besitztümer der Disibodenberger Frauenklause nicht zustimmen.

Für Erzbischof Arnold ist die Regelung der Klöster von politischem Wert. Und Hildegard legt alles in die Waagschale: ihre Bekanntheit, die auch dem Ruf des Erzbistums nützt, und ihre guten Verbindungen zu den mächtigen Herzogen, Grafen und vielen hochstehenden Mainzer Geistlichen, die dem Erzbischof als Emporkömmling noch immer ablehnend gegenüberstehen.

Schließlich, zwei Jahre später, sind die Verhandlungen beendet. Hildegard hat es geschafft: Das Kloster Rupertsberg ist eigenständig und Hildegard rechtmäßige Äbtissin.

Am 22. Mai 1158 bestätigt Erzbischof Arnold von Mainz die tauschweise Abtretung von acht Hufen, von Bauern bewirtschaftetes Land, gegen einen Abstand, den Hildegard zu bezahlen hat. Dafür verbleiben all die Besitztümer, die sie seit der Gründung des neuen Klosters erhalten hat, beim Rupertsberg. Es ist weit weniger, als Hildegard erhofft hat. Aber für die lang ersehnte Unabhängigkeit ist sie bereit, diesen Preis zu bezahlen. Nach acht Jahren des Mahnens und Kämpfens ist der Rupertsberg ein eigenständiges Nonnenkloster.

Auch das Recht der Nonnen auf freie Wahl eines vom Disibodenberg zu stellenden Probstes zur geistigen Betreuung wird festgelegt, ebenso wie – nach Hildegards Ableben – die freie Äbtissinnenwahl.

Als Schutzherr, der als Vogt das Kloster in weltlichen Dingen und vor Gericht vertritt, wird der Mainzer Erzbischof eingesetzt. Ein kluger Schachzug – leiden doch viele Klöster unter dem Missbrauch adeliger Laien, die ihr Vogtamt ausnutzen, um sich zu bereichern.

Endlich, nach Jahren der Auseinandersetzungen, kann Hildegard sich wieder sicher fühlen. Nun kann auch der Bau der neuen Klosterkirche beginnen.

10. Kapitel

Hildegards Naturheilkunde

Es ist das Jahr 1158. Die Unabhängigkeit des Klosters Rupertsberg kam im allerletzten Moment. Denn während der Streit der christlichen Glaubensrichtungen geschlichtet zu sein scheint und überall die neue Vielfalt gelobt wird, nimmt die geistige Einengung der Nonnen immer stärker zu.

Mehr und mehr Doppelklöster beginnen, ihre Nonnen in eigene Klöster auszusiedeln und dem Diktat der männlichen Äbte zu unterwerfen, welche die Klausur für Frauen verschärfen und jeglichen Kontakt zur Außenwelt unterbinden.

Hildegard sieht es mit Sorge. Gerade noch rechtzeitig hat sie sich und ihren Schwestern ein derart unterdrücktes Leben erspart. Die Zukunft des Rupertsberger Klosters aber sieht vielversprechend aus.

Auf dem zum Plateau aufgeschütteten Platz, am Rand der abgestützten Uferböschung, beginnen die Arbeiten zum Bau der Klosterkirche. Es soll keine protzige Kirche werden, wie es viele Benediktinerabteien bevorzugen, nein, eher schlicht und dennoch modern. Hildegard hat sich für eine dreischiffige, flachgedeckte Pfeilerbasilika entschieden, mit quadratischen Türmen über dem Ostende der Seitenschiffe und einer vor die Flucht der Türme vorspringenden Apsis, dem halbrunden Chorabschluss.

Mit dem Bau der Kirche beginnt ein neuer Abschnitt für das Kloster Rupertsberg. Mit ihm beschließt die Äbtissin nicht nur die Zeit der Ungewissheit und Abhängigkeit, sondern auch acht Jahre harter Schreibarbeit.

Denn vor Hildegard liegt ein Werk, das sie seit dem Einzug auf den Rupertsberg beschäftigt hat und das sich langsam seiner Vollendung zuneigt: »Liber subtilitatum diversarum naturarum creaturarum« – Über die Feinheiten der verschiedenen Naturen der Geschöpfe.

Den Auftrag dazu hatte Hildegard in einer Vision bekommen. Es war eine spannende und erfüllende Aufgabe für die wissbegierige Äbtissin.

Was liegt näher, als all die Dinge niederzuschreiben, in denen und durch die Gott wirkt? Die Natur ist göttlich, durchdrungen von der alles bewegenden Grünkraft, die Pflanzen und Bäume wachsen lässt, im Körper des Menschen und auch in seiner Seele wirkt. Die Welt als universelles Ordnungsgefüge, in dem alles miteinander verbunden ist – zugeschnitten auf den Menschen, dem Herz der lebendigen Fülle der Natur, dem die Elemente dienen und mit denen er klug und umsichtig umgehen soll.

Im Kloster Rupertsberg gibt es einen Krankensaal, einen Kräutergarten und eine Apotheke zur Verarbeitung und Lagerung der Medikamente, ein Aderlasshaus und eine Herberge zur Pflege von kranken Reisenden. Die Krankenpflege gehört zur benediktinischen Tradition, man soll dem Kranken dienen wie Christus selbst. In der Bibliothek sind viele Medizinwerke katalogisiert, aber ein umfangreiches Buch über die kosmischen Zusammenhänge und Ursachen der Erkrankungen gibt es bislang noch nicht.

Hildegard weiß über diese Zusammenhänge. Sie sieht sie, spürt sie und erforscht sie. Hildegard ist Sprachrohr und Wissende zugleich, formt aus Visionärem, großer diätischer Kenntnis, feinem pädagogischen Gespür und reichen psychologischen Kenntnissen ein Gesamtwerk, das alle bisherigen Schriften übertrifft.

Nun sind seit dem ersten Wort auf Pergament acht Jahre vergangen, und das Wissen, das sie in ihre Wachstafeln ritzt, ist zu einem umfangreichen Werk gewachsen. Hildegard lässt nichts aus, was es über Mensch, Tier, Pflanze und Gestein zu sagen gibt. Ausführlich schreibt sie von Vögeln und Fischen, von Bäumen und Steinen.

Es gibt nichts, was man nicht ansprechen kann, alles, was zu den Geschöpfen gehört, gehört auch zu Gott. So schreibt Hildegard auch ausführlich über Themen, die eindeutig als tabu gelten: die Beschaffenheit der Geschlechtsorgane, die Sexualkraft, der Weg der Erzeugung wie auch das Wesen der Emotionen, wobei sie auch hier immer wieder die Gleichwertigkeit von Mann und Frau betont. Auch die Beschreibung der Geschlechtskrankheiten und die Sexualhygiene finden Platz. Alles Dinge, die von einer Frau weder gehört noch gelesen, geschweige denn geschrieben werden dürfen und den Nonnen in der Schreibstube die Schamesröte ins Gesicht steigen lassen.

Es ist das Buch einer Forschenden, die die Ursachen hinter scheinbar Unsichtbarem aufdeckt, und das Werk einer wissenschaftlich Interessierten, die all das zusammenträgt, was an sie herandringt – und das einer Visionärin, die intuitiv aus all dem dargebotenen Wissen auswählt.

Hildegard interessieren auch die neuen Schriften des Constantinus Africanus, der eine lateinische Übersetzung der revolutionären arabischen Medizin erarbeitet hat und dessen Theorie zur antiken Säftelehre ihren Beobachtungen weitgehend entspricht.

Je mehr sich Hildegard mit der Zusammensetzung von Mensch und Natur, Krankheit und Heilung beschäftigt, desto stärker setzt sich ein Konzept durch, das alle Wirkungsweisen und Zusammenhänge erklärt: das Konzept der Elementarkräfte, das sie bereits in den Schriften des antiken Arztes Claudius Galenus sowie bei Isidor von Sevilla vorfand.

Die Welt setzt sich aus vier Elementarkräften zusammen: das Feuer, die Luft, das Wasser und die Erde, die sich zwar in ihrer Lokalisation und Funktion unterscheiden, aber unlösbar miteinander verkettet sind. Eines kann ohne das andere nicht existieren. So auch im Menschen: »Feuer, Luft, Wasser und Erde sind im Menschen, und aus denen besteht er. Vom Feuer hat er seine Wärme, von der Luft den Atem, vom Wasser das Blut und von der Erde das Fleisch.«

Die vier Elemente finden sich auch in den Temperamenten wieder, die den Menschen je nach Veranlagung auf unterschiedliche Weise reagieren lassen: den Choleriker, den Sanguiniker, den Phlegmatiker und den Melancholiker.

Die Schriften zur Erklärung der Stimmungen sind in dieser Zeit ein Anker. Denn vor allem gewaltsame Stimmungen gelten bisher als unberechenbar und ununterbrochene Gefährdung des Lebensweges. Gefühle kommen urplötzlich und werden direkt ausgelebt, ohne sie vorher zu reflektieren. Wenn plötzlicher Zorn oder Mordlust aufwallen, ist es das Machwerk des Teufels oder der Dämonen, die in jenem Moment die Seele des Menschen leiten.

Nicht so in Gottes Ordnung, wo alles seinen Ursprung hat. Die ungezügelte Wut, der verzehrende Hass, die vernichtende Leidenschaft, die Melancholie – nichts wird mehr als unabänderlich hingenommen. Der Mensch wird dazu aufgefordert, derartige Stimmungen als Teil eines krankmachenden Prozesses zu sehen, der durch Fehler in der Lebensführung verursacht wird. So schreibt Hildegard zum Choleriker: »Sie sind geizig und essen gerne fette Speisen. Daher läuft dann in ihnen ein gefährliches, giftiges, dickes und trockenes Phlegma zusammen, das nicht feucht, wohl aber bitter ist … Die bittere Beschaffenheit dieses Phlegmas erzeugt in der Umgebung der Leber und der Lunge solcher Leute einen Rauch, etwa so wie der Rauch der Schwarzgalle. Daher sind sie jähzornig und hartherzig.«

Der Jähzorn und andere krankmachende Stimmungen sind aber nicht unabwendbar, man kann sie mithilfe der Natur heilen. Denn nicht nur den Menschen, auch jedem Wesen wohnt ein bestimmter Anteil der Elementarkräfte inne, deutlich sichtbar bei den verschiedenen Pflanzenarten. Und je nachdem, welche der Elemente in ihnen überwiegen, teilen sich Pflanzen und Kräuter in für Menschen heilungswirksame und schädliche ein.

Lebt der Mensch unbewusst und nimmt für ihn unpassende Nahrung oder Pflanzen ein, wird er mit Sicherheit Schaden erleiden und an Leib und Seele erkranken. Für diesen Fall aber gibt es in der Naturapotheke Gottes Mittel, die ihn wieder gesunden lassen.

Hildegard erkennt durch Beobachtung und Prüfung der Beschaffenheit der verschiedenen Pflanzen, dass deren pharmakologische Wirkkräfte mit denen der Elemente, ob warm, kalt, feucht oder trocken, korrespondieren.

So bemerkt sie die Heilkraft des Dinkels, der wenig ertragreich ist und bislang als Viehfutter gilt. Aber er ist verträglicher als Weizen, denn er ist warm, fett und kräftig. Wer ihn isst, baut gutes Fleisch und rechtes Blut; erhält ein aufgelockertes Gemüt und die Gabe des Frohsinns. So ist Dinkel die beste Getreidesorte zum täglichen Gebrauch.

Der Pfeffer aber, warm und trocken, schadet, wenn er zu viel gegessen wird, hilft aber demjenigen, der sich vor Speisen ekelt.

Der Bärlauch hat zu viel scharfe Feuchtigkeit und schadet, wenn er roh gegessen wird, bei Magenkranken sogar auch gekocht.

Bei Fieber hilft der warme Meisterwurz, zerstoßen über Nacht in Wein gelagert.

Akribisch genau notiert sie alle Heilmittel mitsamt ihren Wirkkräften und beschreibt die Indikationen, bei denen sie heilsam sind. Dazu kommen Rezepte, bei denen die Wirkung der Pflanzen zuweilen auch durch Erhitzen verändert und damit verträglicher gemacht wird.

So fördert die Birne roh gegessen Migräne. Gekocht aber mit Bärenwurz, Galgant, Süßholz und Pfefferkraut und als Pulver verrührt in erwärmtem Honig nimmt sie die Migräne weg.

Dort aber, wo Krankheiten auf moralische Verfehlungen hin entstanden sind, wie etwa die Lepra, verweist sie darauf, dass ein Heilerfolg nur dann möglich ist, wenn Gott es will.

Mit der therapeutischen Korrektur alleine kann auf Dauer niemand gesund bleiben. Hildegard rät zur Hinwendung zu sinnvoller Lebensführung, zu einem maßvoll geführten Leben in allen Bereichen, auch in der Aufnahme der täglichen Nahrung. Essen und Trinken dienen dem stetigen Austausch der Elemente, es ist daher wichtig, genau darauf zu achten, was man dem Körper täglich zuführt.

In benediktinischer Tradition warnt sie vor jeder Übertreibung, vor Trunkenheit und übermäßigem oder zu fettem Essen, ebenso aber auch vor übertriebener Enthaltsamkeit. Auch zu viel oder zu wenig Schlaf macht krank. Alles braucht feste Zeiten, einen maßvollen Wechsel. Schlafen und Wachen, Essen und Fasten, Arbeiten und Feiern, Bewegung und Erholung, Reden und Schweigen.

»Halte deinen Tempel mit Umsicht in Ordnung«, notiert sie, »damit jene Grünheit, in der du Gott mit Liebe umfängst, nicht Schaden nehme, weil Gott deine Seele sehr lieb hat.«

Sie ist sich dessen bewusst, dass diese Aufforderung etwas Neues ist. Der Mensch, der sich gerne als Spielball des Schicksals betrachtet und auch die Krankheit ins Reich der Dämonen schiebt, zumindest aber als unvorhersehbare Strafe Gottes sieht, muss die Verantwortung für seinen Körper übernehmen, erkennen, dass er alleine für seine Gesundheit verantwortlich ist.

Der Mensch lebt in allem, was er tut, immer in Verbindung mit der ganzen Welt. Keine Handlung kann erfolgen, ohne dass er in das Gefüge mit eingreift, sei es im positiven wie auch negativen Sinn. Das Gleiche gilt auch für das Seelenleben. Eine kranke Seele kann nicht gesund sein, oberstes Ziel ist es daher, mit dem Körper auch die Seele zu behandeln, um heil zu werden. Daher ist Krankheit immer auch eine Prüfung, ein Aufruf zur Umkehr und Einsicht. So hat der Mensch die Freiheit, sein Leben in Verantwortung zu führen und selbst über Wohl und Wehe zu entscheiden.

Hildegard weiß, wovon sie spricht. Oft genug ist sie selbst krank, doch immer hat sich bei ihr auch eine seelische Ursache herausgestellt, und sei es, die Weigerung, ihrem Inneren und den göttlichen Weisungen zu folgen.

Und so ist Gesundheit in der bewussten Lebensführung zu finden, das heißt im festen Glauben an Gott und im inneren Einklang sowie im Wissen, den wahren Platz in der Welt gefunden zu haben, seine besondere Berufung zu erkennen, die geschenkten Gaben zu entfalten. Aber auch um die eigenen Grenzen muss man wissen, denn auch Hochmut ist ein krankmachendes Laster.

»Wo nämlich Seele und Leib in rechter Übereinstimmung miteinander leben, da erreichen sie den höchsten Lohn in einmütiger Freude.«

Das neue Werk ist gewaltig, und immer wieder fügt Hildegard etwas hinzu. In ihren Gesprächen mit Ratsuchenden taucht regelmäßig das Bedürfnis nach Halt auf, nach etwas Anfassbarem, das die unüberbrückbare Distanz zu Gott verkürzt. Man hält sich an die Wirkkraft der Heiligen, verehrt bestimmte Orte oder Tage. Wer besonderen Trost braucht, benutzt die Energie der Reliquien, gebraucht Amulette, um Unglück abzuwehren oder Nachlass der Sünden zu erwirken. Die Furcht vor dem Unerklärbaren, dem magisch Bösen ist allgegenwärtig.

Hildegard kennt die Unsicherheit der Menschen. Die Gefahr, sich in all der Unsicherheit magischen Ritualen und der Wahrsagerei zuzuwenden, ist groß. Erst Jahrhunderte später werden magische Rituale im Zuge des Kampfes gegen Hexen und Teufel als Zeichen von Ketzerei gedeutet und rigoros verfolgt. Zu dieser Zeit jedoch erscheint es vielen Menschen als brauchbare Möglichkeit, die geheimen Naturkräfte günstig zu stimmen.

Hildegard schreibt die Magie dem Teufel zu: »Im Bund mit dem Teufel ließen sie sich dem Wahnsinn der magischen Kunst ein.«

Über die Unsicherheit, welche die Menschen auf der Suche nach Gewissheit zu Wahrsagern gehen lässt, schreibt sie: »Warum, o Mensch, verehrst du das Geschöpf, das dich weder trösten noch dir helfen kann und dir kein gedeihliches Glück verschafft, wie die Sternendeuter zu beteuern pflegen, die einem die Todesstunde verkünden und die Heiden im Unglauben nachahmen. Sie sagen nämlich, dass die Sterne euch Menschen das Leben zuteilen und alle eure Handlungen bestimmen. Ihr Unglücklichen, wer hat die Gestirne gemacht? ... O Mensch, wo warst du, als die

Gestirne und die übrigen Geschöpfe entstanden? Hast du etwa Gott beraten, als sie gebildet wurden?«

Und sie schreibt weiter: »Doch diesen schlimmen Aberglauben, in Gestirnen, in Feuer, in Vögeln oder anderen Geschöpfen dieser Art Zeichen für deine Taten zu suchen, mag ich nicht länger dulden; alle nämlich, die diesen Aberglauben auf teuflische Eingebung in Gottesverachtung erfanden, verwarfen gänzlich seine Gebote und wurden daher selbst verächtlich. Ich aber erstrahle über der ganzen Schöpfung im Glanz meiner Gottheit, so dass meine Wunder an meinen Heiligen offenbar werden; deshalb will ich nicht, dass du diesen Aberglauben in der Wahrsagerei betätigst, sondern dass du zu mir aufblickst.«

Die Unsicheren sollen Gott vertrauen, zu ihm aufschauen, sich ganz in seine Obhut begeben.

Das ist – gerade in schweren Zeiten – nicht immer so leicht.

Aber für diejenigen, denen der Glaube alleine nicht greifbar genug ist, gibt es Hilfe aus Gottes Natur: Hildegard verweist auf die Kraft der Steine, die bereits in der Bibel erwähnt werden.

Sie nennt die zwölf Steine, die im zweiten Buch Moses auf dem Amtsschild des Hohepriesters und in der Geheimen Offenbarung als Grundsteine der Mauer des Neuen Jerusalems beschrieben sind, und fügt neue hinzu.

So wirkt der meergrüne Beryll, dessen Kraft von der Luft und dem Wasser stammt, in Wasser geschabt gegen Gift und in der Hand getragen gegen die Streitsucht. Der karminrote Rubin hilft gegen Kopfschmerzen, und der violette Amethyst ist gut für eine zarte Haut.

Mithilfe der Steine wird im Menschen ein heilsbringender, erlösender Prozess ausgelöst, er bringt organisch die Säfte ins Gleichgewicht zurück und leitet gleichzeitig auch die seelische Heilwerdung ein. Denn sie sind Teil der göttlichen Ordnung, ihre Farben entsprechen den liturgischen Zeiten und dem Verlauf des Tages.

Die Steine als greifbarer Halt, zudem voller heilender göttlicher Energien, erscheinen Hildegard wichtig, daher widmet sie diesem Thema ein eigenes Kapitel.

Als das Buch fertig ist, bleibt es vorerst im Rupertsberg verborgen. Wem sollte sie es schicken? Dem Papst? Der Heilige Vater würde es auch mit Hinweis auf den göttlichen Auftrag in der Luft zerreißen, die Exkommunizierung wäre ihr sicher. Nein, dieses Buch bleibt wohlgehütet und nur wenigen zugänglich.

Kranke, die bei Hildegard Rat suchen, werden weiterhin mit Beten und geweihtem Wasser geheilt, nichts von dem, was im neuen Buch steht, findet bei der Äbtissin Anwendung, zumindest nicht offiziell. Hildegard heilt durch ihre Anwesenheit, durch ihr Charisma und durch den Glauben an Gott und überlässt es ihren Nonnen, das Wissen um die Heilkräfte der Natur einzusetzen.

Es wird kein öffentliches Echo auf die Handschrift geben, bis weit über ihren Tod hinaus.

Ob Hildegard ihr Wissen als Forschende erhielt oder durch Visionen ist umstritten und erhitzt noch heute, mehr als 800 Jahre nach ihrem Tod, die Gemüter.

Woher hat Hildegard all das Wissen? In keinem der Zeugnisse der Zeit, weder in Briefen noch in ihrer Vita ist davon zu lesen, dass Hildegard mittels Kräutern Kranke heilte. Des Öfteren setzte sie Gebete ein oder den Gebrauch von Weihwasser. Aber nichts begründet den Ruf als Ärztin. Was also ließ sie auch Dinge so treffend beschreiben, die bis dahin nicht Teil des klösterlichen Heilwissens waren?

Waren es doch göttliche Visionen wie bei ihren anderen Werken? Oder war es das Studium der damals gängigen

Literatur? Manche Ähnlichkeiten lassen sich nicht wegdis-
kutieren. Wie die mit der »Philosophia mundi« von Wilhelm von Conches, in der dem Kosmos zugrunde liegende
Dinge beschrieben und erklärt werden und der in seinem
überarbeiteten Werk »Dragmaticon« deutlich von den
Übersetzungen der arabischen Medizinschriften des Kon-
stantin Africanus beeinflusst wurde. Oder las Hildegard die
Schriften des Plinius über die zoologischen Studien des Aristoteles? Vergleichbares findet sich auch bei Isidor von Sevilla, bei Galen und Soranus.

Ein großer Anteil an Intuition wird Hildegard bei der
Aufzeichnung nicht abzusprechen sein. Einem Menschen,
der göttliche Visionen empfängt, werden intuitive Einsichten in unbekannte Dinge nicht gänzlich verschlossen gewesen sein.

Viele Einsichten jedoch werden auf genauester Beobachtung basieren. So beschreibt Hildegard in einem ausführlichen Kapitel die Fische des Rheins und seiner Nebenflüsse
in ihrer Region. Die Genauigkeit dieser Beschreibungen ist
bis zum Beginn des 20. Jahrhundert unerreicht.

Warum sollte Hildegard als Schriftstellerin nicht auch das
tun, was Mönche und Nonnen in anderen Klöstern für ihre
Bibliothek taten: nämlich ein Kompendium des Naturwis-
sens und der praktischen Heilkunde zusammenzustellen,
um den Brüdern und Schwestern in Alltag und Krankenpflege die Arbeit zu erleichtern?

Sicher ist, dass sie weder so unwissend war, wie sie immer betonte, noch den Text alleine als Sprachrohr Gottes
verfasste.

Das Zitat, in dem Hildegard erklärt, alles Schriftliche als
Vision empfangen zu haben, wird von manchen Vertretern
der aktuellen Hildegard-Medizin gerne als Beweis für die
Visionstheorie angeführt. Man darf hier jedoch nicht einfach
Dinge aus dem Zusammenhang reißen, denn das Zitat ent-

*stammt einem Brief, in dem Hildegard ihrem späteren Se-
kretär Wibert vor allem das Entstehen ihrer großen Visionsschriften erklärt. Es wäre absurd anzunehmen, dass Hildegard ihren prophetischen Auftrag gefährdet, indem sie einem
bis dahin noch wildfremden Mönch Einblick in ihr Wissen
gewährt. Nein, Hildegard schuf sich ihr Außenbild ganz bewusst, und dazu gehörte vor allem auch die Betonung ihrer
mangelnden Bildung. Eine Aussage, die jedoch längst widerlegt worden ist.*

*Wer sich Hildegards Werken intensiver nähert, wird fest-
stellen müssen, dass ein visionäres Erleben beim Aufschrei-
ben der naturheilkundlichen Schriften mit keinem Wort erwähnt wird. Sie, die sich sonst in jedem Werk, sogar in den
Briefen, immerfort als Sprachrohr Gottes darstellt, erwähnt
nur die visionäre Aufgabenstellung, das Buch über die
»Feinheiten« zu schreiben. Aber nirgendwo beruft sie sich
auf das Diktat der himmlischen Stimme. Sie hätte es tun
können, um die Verbreitung zu forcieren, wie sie es auch bei
den anderen Werken getan hat. Aber sie tat es nicht, und so
gibt es in ihrer Zeit kein nachweisliches Echo auf die Schriften.*

*Wir müssen uns solchen Dingen pragmatisch nähern,
akzeptieren, dass zumindest der große Teil nicht visionären Ursprungs sein kann. Akzeptieren, was offensichtlich
ist, auch wenn es schwerfällt. Denn ansonsten müssten wir
ja auch annehmen, dass es Einhörner gibt, deren Existenz
Hildegard in diesen Schriften ebenfalls als Realität beschreibt.*

*Die wiederentdeckte, sich enormer Beliebtheit erfreuende
Hildegard-Medizin im Gegenzug als profitorientiertes
Machwerk verstehen zu wollen, wie es einige der Kritiker
tun, dient trotz aller Unstimmigkeiten ebenfalls nicht der
Wahrheitsfindung und negiert die unbestrittenen Erfolge
dieser Medizin.*

Wir werden die Wahrheit nie ganz herausfinden, bevor nicht ein handschriftliches Original von Hildegards Natur-heilkunde entdeckt wird. Denn es existiert kein solches Original, alle Fundstücke sind Abschriften, die sich derart im Wortlaut voneinander unterscheiden, dass es fahrlässig wäre, eine von ihnen unkritisch Hildegard zuzuordnen. Bereits kurz nach ihrem Tod wurde das ehemalig zusam-menhängende Buch in zwei Teile getrennt, so erwähnt in den Heiligsprechungsakten von 1233: »Causae et Curae« – Ursachen und Behandlung der Krankheiten sowie »Phy-sica« – Naturkunde und Heilmittel.

Alle bislang gefundenen Handschriften stammen aus dem 13. bzw. 14. Jahrhundert und sind sämtlich außerhalb des Rupertsberger Klosters entstanden.

1983 fand ein Trierer Pater bei Recherchen in der Biblio-teca Medicea Laurenziana in Florenz eine alte, auf Perga-mentblättern eng geschriebene Handschrift der »Physica«. Eine Sensation, da es sich hier nachweislich um die älteste Abschrift handelt. Das vermutliche Entstehungsdatum ist aber noch immer hundertdreißig Jahre nach Hildegards Tod.

Dieser Fund, der sich als die vollständigste Version er-wies, macht deutlich, wie sehr die übrigen Abschriften von dem ursprünglichen Original abweichen!

Im hohen Mittelalter war es nicht von Wert, solche Handbücher genau zu kopieren. Sie dienten der praktischen Anwendung im Kloster, und so passte man es den jeweiligen Erfordernissen an. Dinge, die es mangels Information im Original nicht gab, wurden kurzerhand nachgetragen. In diesem Fall sind es die Erdbeere, die Bohne und die Kartof-fel, die allesamt erst lange nach Hildegards Tod in Europa eingeführt wurden.

Der heilige Bonaventura hat im 13. Jahrhundert diese Praktiken genauestens beschrieben und die Buchschreiber in unterschiedliche Kategorien eingeteilt. Da gibt es die Kompilatoren, die Werke abschreiben und Passagen anderer Autoren einstreuen, und Kommentatoren, die den abgeschriebenen Werken eigene Texte zur Erklärung anfügen.

Nicht ohne Grund versicherte sich Hildegard gegen eine Verstümmelung des Gotteswerkes, als sie am Ende der Visionsbücher bemerkt, dass eine Veränderung des Buches Gottes Strafe nach sich ziehen wird.

Hildegards naturheilkundliches Werk jedoch enthielt keinen Hinweis auf die Arbeit als Gottes Sprachrohr, und so wurde es von Nachträgen und Anpassungen nicht verschont – deutlich zu sehen an den großen textlichen Unterschieden der erhaltenen Abschriften. Sämtliche Schriften weichen im Wortlaut, Umfang, in Zahl und Reihenfolge der Kapitel stark voneinander ab.

Durch den Fund von Florenz konnte man rekonstruieren, dass gerade der theoretische Teil Hildegards im Verlauf der Zeit stark zusammengestrichen worden ist.

Auch viele Pflanzen- und Tiernamen sind verfälscht abgeschrieben, wie auch zahlreiche Textstellen sinnentfremdend gekürzt und verändert worden sind.

So wurde der unvollständige Zusatz »succus metr.« ganz willkürlich in »succus metridati« vervollständigt, was als Rezept nun die Benutzung von Latwerge empfiehlt statt des ursprünglich gemeinten Kamillensaftes ›succus metre‹, wie es korrekt in der Florentiner Handschrift zu lesen ist.

Im hohen Mittelalter war es üblich, trotz Androhung von Todesstrafe auch mit magischen Praktiken und Zauberformeln zu heilen. Viele dieser Methoden tauchen in den Abschriften auf, besonders deutlich zu lesen im Kapitel über die Alraune oder bei manchen Edelsteinen. Aus Hildegards »Scivias« wissen wir, dass sie den Aberglauben genauso wie die Magie entschieden ablehnt, daher sind diese Praktiken mit großer Sicherheit nachträglich eingefügt worden. So findet sich die Alraune nicht in Hildegards Sprachschriften, in denen sie allen Pflanzen neue Namen zuordnet. Aber ebenso finden die Edelsteine in der Sprachschrift keine Entsprechung und werden auch ansonsten nirgendwo erwähnt. Ist das Kapitel über die Steine womöglich erst nachträglich eingefügt worden?

Selbst Originalzitate können täuschen, Ursprung einer zielgerichteten und bewusst verfälschenden Handlung sein. Wir können nur vermuten, dass wir mit dem aktuellen Stand der Forschung der Wahrheit annähernd nahe kommen. So weit es uns – mehr als achthundert Jahre nach Hildegards Tod – überhaupt noch möglich ist.

Die aktuelle Hildegard-Heilkunde basiert vorwiegend auf der später entstandenen Pariser Handschrift. Man muss auch hier neu sortieren und auswerten, wenn man sich der ursprünglichen Fassung nähern will.

Dennoch stammt ein Großteil der vorliegenden heilkundlichen Erklärungen und Empfehlungen unbestritten aus der Feder der Äbtissin. Die Wirksamkeit dieser Empfehlungen ist mittlerweile nicht nur in erfolgreicher Anwendung, sondern auch wissenschaftlich bestätigt worden und hat somit eine ganz eigene Berechtigung.

In der zurzeit herrschenden Diskussion um die Hildegard-Medizin bleibt von Seiten der Kritiker häufig unerwähnt, dass diese Medizin nicht nur auf den Bereich der Rezepte aufbaut, sondern auch die Ratschläge zur gesunden Lebensführung mit einbezieht ebenso wie Hildegards theologisches Gedankengut.

Die große Verbreitung dieser Gott zugewandten Heilkunde wäre trotz mancher Missverständnisse sicher im Sinne der Äbtissin, denn sie verhilft vielen Menschen zu einem tugendhaften, maßvollen und gesunden Leben.

Die Naturheilkunde ist ebenso wie die Theologie ein

Teilaspekt von Hildegards Werk; man kann nicht das eine vom anderen trennen. Das Vermächtnis Hildegards ist eine Gesamtschau, und es schließt Theologie, Naturheilkunde wie auch die Musik in ein großes kosmisches Weltbild ein, in dem alles miteinander verbunden ist.

11. Kapitel

Predigtreisen in Zeiten der Unruhe

Das Jahr 1158 ist für Hildegard geprägt von großen Errungenschaften und enormer schöpferischer Arbeit: die Ausstellung der Urkunden durch den Erzbischof von Mainz, die Fertigstellung des Buches über die Feinheiten der verschiedenen Naturen der Geschöpfe sowie durch ihre Kompositionen.

Hildegards Kreativität kennt keine Grenzen. Noch immer schreibt sie zahllose Briefe, komponiert Gesänge und verfasst kleinere theologische Werke.

Auch die Schöpfung eines neuen kryptischen Sprach- und Schriftsystems ist weitgehend abgeschlossen, der Lingua ignota, die aus fast tausend Wörtern aus theologischen und medizinisch-botanischen Bereichen besteht und nur wenigen Eingeweihten geläufig ist – dem Abt Berthold von Zwiefalten zum Beispiel, der sich während seiner Amtsniederlegung zeitweilig auf dem Rupertsberg aufhielt, oder ihrem Probst und Sekretär Volmar, der diese poetischen Wortschöpfungen liebt.

Was ist schöner, als eine Sprache zu sprechen, deren Wörter eine tönende Qualität besitzen und sowohl gesprochen als auch gesungen werden können?

Zuweilen flicht Hildegard Worte der Lingua ignota in die liturgischen Wechselgesänge, die Antiphonen, ein und schafft dadurch eine Verstärkung der dichterischen Ausdruckskraft.

Immer neue Wörter entstehen, viele davon mit dem so nachhaltig klingenden Konsonanten »z«. So steht »Livionz« für Heiland, »Korzinthio« für Prophetin und »Muzimia« für Muskatnuss.

Hildegard bedeutet diese neue Schöpfung viel. In ihren Visionen hört sie immer wieder den Klang dieser fremden Sprache. Sie sieht es als ihre Aufgabe, diese himmlisch anmutenden Worte ins Diesseits zu übertragen.

Es ist die Möglichkeit, dem ersten Wortschöpfer Adam gleich, durch den Klang des Wortes einen geschützten Lebensraum zu domestizieren und die Weltordnung wiederherzustellen – der Versuch, eine Art paradiesische Ursprache zu konstruieren, um diesem ersten Zustand vor dem Sündenfall nahezukommen. Können Worte die Welt verändern?

Die Hintergründe zu Hildegards Sprachschriften sind in der Forschung noch ungeklärt.

Hildegards Kunstwörter basieren auf Wortbildungsmustern der deutschen und lateinischen Sprache. In der schriftlichen Fixierung sind nur Substantive vorhanden, die, einer Art mittelalterlichem Sachwörterbuch entsprechend, zum Großteil Begriffe aus dem Bereich der Naturkunde und aus dem klösterlichen Alltagsleben benennen. Für manche Quellen Grund genug, inhaltsverdunkelnde Funktionen auszuschließen.

Die Korrespondenz mit dem Kloster Zwiefalten weist jedoch auf eine Weiterentwicklung hin, die ebenfalls Adjektive bzw. Partizipien mit einbezieht. Wurde ein Großteil dieser Sprache nur auf mündlichem Wege übermittelt?

Und was für eine Bedeutung hatte die Litterae ignotae, die geheime Schrift, deren 23 Buchstaben nach einem noch unentschlüsselten grafischen System gebildet sind?

Andere Quellen vermuten, dass es sich bei den Sprachschriften um eine Methode zur geheimen Verständigung handelt, deren Entwicklung der Zwiefaltener Abt Berthold

bei seinen Aufenthalten in den Jahren 1152–1158 bei-
wohnte. In der Zwiefaltener Briefhandschrift sind mehrere
Schreiben enthalten, die sich dieser Sprache ganz selbstver-
ständlich bedienen.

Für Hildegard waren diese Sprachschriften offensichtlich
von großer Bedeutung. Mehrfach wurden sie von der Pro-
phetin neben die großen Visionswerke gestellt. Dennoch
bleibt die Verwendung auf ihr nächstes Umfeld begrenzt.

Noch im selben Jahr bricht Hildegard zusammen. Sie
hatte sich zu viel zugemutet. Neben dem hohen Arbeitspensum entlädt sich nun auch die lange unterdrückte
psychische Belastung im Kampf um die Unabhängigkeit.
Jetzt geht nichts mehr, und auch wenn die Äbtissin gerne
all die anstehende Arbeit bewältigen möchte, wird sie
nun zur Ruhe gezwungen.

Dreißig Tage währt die Krankheit, unter der sie so
stark leidet, dass die Nonnen das Schlimmste befürchten.
Hildegard kann nur noch mit Mühe atmen, ihr Körper
brennt innerlich vor Hitze. Sie ist wie benommen und
liegt unbeweglich auf einer Decke, die auf dem Boden
ausgebreitet wurde. Hildegards Verwandte werden gerufen, um ihr einen letzten Besuch abzustatten. Sie ist inzwischen sechzig, ein gesegnetes Alter, es scheint nun an
der Zeit zu sein, sich von ihr zu verabschieden.

Doch während trauernde Menschen ihr Lager umstehen, erhält Hildegard eine Vision. Unzählige Engel umstehen ihr Krankenlager und einer von ihnen ruft ihr zu: »Ei,
ei, Adler, warum schläfst du in deinem Wissen? Erhebe
dich aus deiner Unschlüssigkeit!« Woraufhin die ganze
Schar antwortet: »Die Zeit des Hinübergehens ist noch
nicht gekommen. Also, Jungfrau, steh auf!«

Hildegard erwacht augenblicklich, und zum Erstaunen
und zur Freude der Umstehenden sind all ihre Sinne so-

fort wieder da. Die Äbtissin wird wieder in ihr Bett gebracht und von den Nonnen umsorgt. Von Tag zu Tag geht es ihr besser. Nur die quälenden Schmerzen wollen nicht weichen. Hildegard erschrickt vor der Stärke der Krankheit, die sie als Züchtigung Gottes versteht, der sie auf den rechten Weg bringen will. Aber was ist der rechte Weg? Was ist es, was Gott von ihr erwartet? In einer Vision erhält sie den Auftrag, das Kloster Disibodenberg zu besuchen und mit von Gott eingegebenen Worten zu sprechen.

Eine ungewöhnliche Aufforderung, waren die eröffneten Worte doch wie eine Predigt und zu predigen war nur geweihten Priestern vorbehalten. Aber Hildegard beugt sich der Eingebung und reist zum Disibodenberg, um von der Gerechtigkeit Gottes zu erzählen und zur Abkehr von Sünden zu mahnen.

Doch als sie zum Kloster Rupertsberg zurückkehrt, sind die Schmerzen nach wie vor da. Und auch, als sie mit ihrer zweiten Visionsschrift »Liber vitae meritorum« – das Buch der Lebensverdienste – beginnt, werden die Leiden nicht besser.

Hildegard, die es immer gewohnt war, nach Erfüllung des göttlichen Auftrages zu gesunden, ist verunsichert. Sie ahnt nicht, dass die heftigen Schmerzen drei Jahre lang anhalten werden.

Zu dieser Zeit verschiebt der blühende Handel im Rheinland das soziale Gefüge. Mit der immer stärkeren Besiedelung der Städte wird auch der Unterschied zwischen Arm und Reich immer deutlicher. Stetig wachsendem Wohlstand stehen verschärftes Elend und Armut gegenüber. War früher der Mangel bei den meisten städtischen Bewohnern ähnlich groß, was die Not weniger bewusst werden ließ, so wird nun die Kluft auf engstem Raum immer größer. In den Blickpunkt der Bedürftigen rückt auch die im Reichtum und vom Volk fern lebende Kirche, die ihren Lebensunterhalt weitgehend durch Lehenseinkünfte deckt.

Von Frankreich aus dringen Erzählungen über Wanderprediger an den Rupertsberg, die sich von der reichen Kirche abkehren, um ihr Leben in Buße, Armut und Nächstenliebe zu verbringen – allen voran Robert von Arbrissel, einst Erzpriester der Diözese Rennes, der bereits Anfang des Jahrhunderts als Einsiedler im Wald von Craon lebte und mit abgerissener Kleidung durchs Land zog, um zur Umkehr zu predigen.

Die Menschen, die den Widerspruch ihrer eignen Armut zum Reichtum der Kirche nicht verstehen können, suchen Halt in solchen Predigern, aber ebenso in den neuen Glaubensrichtungen, die aus dem Orient herüberkommen. Die Welt ist von Grund auf Werk des Teufels, verkünden diese, und der Mensch kann sich nur mit reiner Seele in die Erlösung des Jenseits retten. Die Weltanschauungen sind vielfältig und verwirren den Menschen, der sich inmitten der Zersplitterung nicht der christlichen Religiosität unterordnen möchte, in der Kleriker weit davon entfernt sind, die Nächstenliebe auszuüben, die sie anderen predigen.

All diese Entwicklungen bleiben Hildegard nicht verborgen. Sie weiß, dass Gottes Welt gerecht und gut ist und dass es an den Kirchen liegt, den Menschen Halt im Glauben zu geben. Es ist an der Zeit, zu mahnen und den Klerus auf den richtigen Weg zurückzuführen.

Von Schmerzen getrieben, entschließt sich Hildegard, weitere Reisen zu unternehmen, um die Worte Gottes zu verkünden. Dabei möchte sie nicht nur Städte, sondern auch andere Klöster besuchen, um ihnen in der Ausübung des christlichen Glaubens beizustehen. Mit vielen der Vorsteher führt sie schon seit Jahren einen freundschaftlichen Briefwechsel, einige von ihnen hatte sie schon als Gast im Rupertsberg beherbergt. Überall gibt es Unstimmigkeiten, Mönche, die aufgerüttelt und zur Umkehr aufgerufen werden müssen. Neid und Missgunst, Habgier und Unzucht sind an der Tagesordnung.

Aber nicht nur vor dem Klerus, den Mönchen und Nonnen möchte sie predigen, auch das einfache Volk soll in seiner Gottvergessenheit angesprochen werden. Die Verbreitung der Worte Gottes ist vonnöten, und Hildegard sieht sich in ihrem Vorhaben durch Visionen bestätigt.

Auftauchende Zweifel werden schnell beiseitegewischt, obwohl schon der Apostel Paulus nicht erlaubte, dass eine Frau lehrt.

Wie würden die Menschen in den Klöstern, in den Kirchen und auf öffentlichen Plätzen reagieren, wenn kein mit der Kirche verbundener Seelsorger – noch dazu eine Frau – öffentlich die Menschheit belehrt?

Hildegard jedoch kann nicht anders, sie muss es tun, wenn die Schmerzen irgendwann ein Ende haben sollen, dessen ist sie sich sicher. Die Menschen werden verstehen, dass sie auf Gottes Geheiß kommt und in seinem Namen spricht, nicht aus persönlicher Eitelkeit.

Die Vorbereitungen zur Reise laufen auf Hochtouren. Die Besuche werden per Briefboten angekündigt, Gepäck wird geschnürt, Proviant eingepackt, die Pferde werden gesattelt.

Dann endlich bricht Hildegard mit ihren Begleitern auf. Die Reiseroute geht über Mainz, Wertheim, Würzburg, Kitzingen, Ebrach und Bamberg, den Rhein entlang, dann den Main aufwärts per Schiff.

Hildegard, die vor öffentlichem Reden eine zitternde Furcht empfindet, predigt mutig und gestützt von ihrem prophetischen Auftrag in Klöstern und Städten, vor Geistlichen und Laien. Sie ermuntert und ermahnt, redet ins Gewissen und tröstet. In ihrer ganz eigenen, eigenwilligen Art bedient sie sich bildgewaltiger Erklärungen von Bibeltexten, ohne sich davor zu scheuen, die ursprüngliche Zielsetzung der Parabel zu verändern und sie der jeweiligen Zuhörerschaft anzupassen. Hildegard erinnert an die Gerechtigkeit Gottes und an die Pflichten eines jeden Einzelnen, mahnt vor Eigenwillen und Selbstsucht.

Ihre Ansprachen rütteln auf, ergreifen die Zuhörer. Die Menschen hören ihr aufmerksam zu und nehmen sich die Worte zu Herzen.

Aber was nützt die Ermahnung der Menschen, wenn deren Obersten, Papst und Kaiser, sich in heftigem Streit nicht als Vorbilder erweisen?

Als Friedrich Barbarossa einen reichsfeindlichen päpstlichen Legaten in Burgund überfallen und einsperren lässt, schickt der Papst eine Gesandtschaft zum Reichstag von Besançon, um vor dem Kaiser einen scharfen Beschwerdebrief zu verlesen. Denn von wem hatte der Kaiser sein Reich, wenn nicht vom Papst?

Die anwesenden Fürsten reagieren erhitzt. Pfalzgraf Otto von Wittelsbach stürzt mit erhobenem Schwert auf die Legaten, aber Kaiser Barbarossa wirft sich dazwischen, um Schlimmeres zu verhindern. Die päpstlichen Gesandten kommen in Schutzhaft, und als man ihr Gepäck untersucht, findet man Schriftstücke, die ihren eigentlichen Auftrag enthüllen: Sie waren nach Deutschland gekommen, um massiv auf die kirchlichen Würdenträger einzuwirken, sich vom Kaiser abzuwenden!

Erbost lässt Friedrich Barbarossa die Legaten aus der Schutzhaft holen und befiehlt ihnen, das Land zu verlassen, »ohne links und rechts zu gehen«. Dem Papst aber übermittelt er seine eigene Sicht der Dinge: »Die Krone des Reiches schreiben wir einzig göttlicher Verleihung zu.« Der

Papst als Vollzugsgehilfe, der nur denjenigen zum Kaiser zu krönen hat, den die deutschen Fürsten auserwählt haben.

Der Zwist ist unüberbrückbar. Während Hildegard predigend Klöster und Städte besucht, rüstet Friedrich Barbarossa zum Italienfeldzug, um sich der Treue aufsässiger Städte und der Entrichtung der Abgaben aus Lehen, Wegezöllen und Münzrecht zu versichern. Ohne Zustimmung des Papstes, der diesen Feldzug als überflüssig erachtet und sich grollend aus jeder politischen Zusammenarbeit heraushält.

Zur Durchsetzung der Vorstellung einer großkaiserlichen Weltherrschaft verlangt Barbarossa von seinen Untergebenen uneingeschränkte Unterstützung. Alle weltlichen und geistlichen Herrscher sind dazu aufgefordert, sich zu beteiligen. Bischöfe, die sich dem Italienzug entziehen, verlieren ihr Lehen, so wie Erzbischof Hartwig von Bremen-Hamburg, Bruder der verstorbenen Richardis von Stade, der zum ersten Feldzug nicht erschienen ist und kurzerhand abgesetzt wird.

Als Hildegard den Steigerwald erreicht, macht sie Station im angesehenen Zisterzienserkloster Ebrach. Mit Abt Adam verbindet sie eine von gegenseitiger Sympathie geprägte Korrespondenz. Der Abt, ein enger Freund des verstorbenen Bernhard von Clairvaux und ehemaliger Gesandter von Barbarossa bei Papst Eugen III., ist hocherfreut über ihren Besuch.

Abseits des Programms finden sie Gelegenheit zum vertrauten Gespräch, in dem beide über die Dinge reden, die sie beunruhigen. Was sie besprechen, bleibt ihr Geheimnis, doch am Ende versichert Abt Adam, Hildegards Anliegen zu unterstützen und einen Boten an den Kaiser zu schicken. Doch was immer per Brief an den Kaiser herangetragen wird, an dessen destruktivem Verhalten gegenüber dem Oberhaupt der Kirche wird sich nichts ändern.

Die lange Reise war mühsam und beschwerlich. Zurück im Kloster Rupertsberg widmet Hildegard sich den alltäglichen Pflichten und schreibt weiter an ihrer zweiten Visionsschrift. Noch immer aber sind die Schmerzen da.

Im September 1159 erhält Hildegard eine Nachricht, die die ganze Welt nachhaltig erschüttert: Papst Hadrian IV. ist gestorben. Zur Neuwahl bieten sich zwei Kandidaten an: der aristokratische Kardinalpriester Octavian von Monticelli, ein entfernter Verwandter des Kaisers, und der bürgerliche Kardinal Roland Bandinelli, Kanzler und Jurist an der Seite des verstorbenen Papstes.

Die Wahl in der Peterskirche gleicht einer Farce: Der kaisertreue Octavian von Monticelli, der sich nun siegessicher Viktor IV. nennt, wird nur von zwei Kardinälen gewählt. Roland Bandinelli, der den Papstnamen Alexander III. annimmt, erhält die Mehrheit.

Als Alexander den purpurnen Papstmantel erhält, stürzt sich Octavian, nun Viktor genannt, auf ihn, entreißt ihm den Mantel und schleppt ihn unter lautem Getöse mit sich. In den Tumult eingreifende Bewaffnete beenden die Versammlung zugunsten Viktors und verhindern damit ein ordentliches Verfahren.

Die Frage des neuen Papstes scheint ungeklärt. Jeder beansprucht das Recht für sich, es ist für beide unmöglich, aufgrund der Spaltung in Rom zu bleiben. Viktor, der die Unterstützung der papstmüden römischen Senatoren hat, residiert in Segni, Alexander nicht weit davon entfernt in Anagni.

Am 13. Januar 1160 beruft Barbarossa ein Konzil nach Pavia, um Klärung zu schaffen. Alexander erscheint jedoch nicht, ebenso wie ein Großteil der Prälaten sowie der gesamte französische und englische Klerus. Es ist nicht Sache des Kaisers, den Papst zu bestimmen.

Barbarossa jedoch sieht sich in der Tradition des antiken Kaisertums, beruft Viktor IV. zum Papst und bannt Alexander III. Um einen besseren Eindruck zu hinterlassen, wird der Beschluss auch mit Unterschriften abwesender Geistlicher versehen. Alexander hingegen bannt Viktor, den Kaiser und alle seine Ratgeber. Die kirchliche Einheit ist gespalten. Noch ahnt niemand, dass das Schisma 18 Jahre währen wird.

Die Welt zerbricht im Streit – auch in Mainz, wo Erzbischof Arnold, der vor zwei Jahren die Unabhängigkeit des Kloster Rupertsberg bestätigt hat, noch immer gegen seine Gegner kämpft. Die Situation im Mainzer Erzstift ist angespannt und endet in der Katastrophe: Im Juni 1160 wird Erzbischof Arnold von Mainzer Bürgern auf den Eingangsstufen der Kirche St. Jakob ermordet.

Zum ersten Mal zeigt Hildegard Zurückhaltung. Friedrich Barbarossa ist gefürchtet, wer sich öffentlich gegen die Einsetzung des Gegenpapstes äußert, dem wird augenblicklich die Gunst des Kaisers entzogen. Auch die Vorgänge in Mainz erfordern kluges Abwarten. Für Hildegard steht inzwischen mehr auf dem Spiel als die Verbannung ihrer eigenen Person. Ihr gottgegebener Auftrag ist längst nicht ausgeführt, es gibt noch so viele Dinge, die den Menschen gesagt werden müssen.

1160 bricht Hildegard zu ihrer zweiten Reise auf, die Mosel hinauf über Trier bis Metz, von dort weiter bis Straßburg. Ihre Predigt im Trierer Dom erregt großes öffentliches Aufsehen.

»Die Magister und Prälaten haben die Gerechtigkeit Gottes verlassen und schlafen«, spricht die Äbtissin mahnend als Sprachrohr Gottes. »Man neigt dazu, viele Sünden zu vergessen. Daher werden von den Feinden feurige Strafgerichte über die Stadt kommen, wenn die Sünden nicht durch Buße getilgt werden, wie es bei Jonas geschah.« Die Geistlichen, so klagt sie weiter, hätten die Gesetze verlassen und würden das Gute weder lehren noch tun. Und so sei die Zukunft der Kirche recht ungewiss. Die Stadt Trier aber verfalle von der Unbeständigkeit der Sitten, von Überdruss, vielen anderen Übeln, vor allem aber von der Gottvergessenheit. Aber »gerechte und gute Menschen wird es im geistlichen Volk geben«, und in der Zeit des Irrtums werden »mutige Männer aufstehen«.

Hildegard von Bingen gibt sich kämpferisch. Ihre Worte erreichen die andächtig lauschenden Zuhörer und zeigen gewaltige Wirkung. Die Trierer Geistlichen sind trotz der direkten Anklage beeindruckt – schließlich kommt sie erwiesenermaßen vom Herrn – und bitten um Zusendung der Predigt.

Im Jahre 1161 endlich sind Hildegards nagende Schmerzen verschwunden. Ein Zeichen Gottes? Der Weg ist richtig, die Reisen sind Teil des Auftrags. Und so bricht sie zu ihrer dritten Reise auf.

Es geht rheinabwärts, über Boppard, Andernach und Siegburg nach Köln und von dort weiter nach Werden an der Ruhr.

Ihr Aufenthalt in der Domstadt Köln zeigt, wie notwendig eine solche Reise war.

Der Kölner Erzbischof Rainald von Dassel, erklärter Gegner von Papst Alexander III., ist seit 1159 auch Erzkanzler von Italien und mehr Kriegsmann als geistiger Führer.

Die in seiner Abwesenheit regierenden Geistlichen sind amtsmüde, baden in ihrem selbstgefälligen Reichtum und haben mit der gottgewollten Berufung nichts mehr gemein. Schon wendet sich das Volk ab und hört den Katharern zu, die eine vom kirchlichen Dogma abweichende Lehre propagieren und sich die »Armen Christi« nennen. Und der satte Klerus sieht tatenlos zu!

Als Hildegard auf die Kanzel des Kölner Doms steigt und in die selbstgefälligen Gesichter der Geistlichen sieht, kann sie ihre Wut nicht mehr zurückhalten. Mit geballter Wucht schleudert ihnen die Prophetissa die Worte Gottes entgegen: »Ihr seid Nacht, die Finsternis aushaucht, und wie ein Volk, das nicht arbeitet und aus Trägheit nicht im Lichte wandelt. Wie eine nackte Schlange sich in ihre Höhle verkriecht, so begebt ihr euch in den Gestank niedrigen Viehes. … Ihr schaut ja nicht auf Gott und verlangt auch nicht, Ihn zu schauen. Ihr blickt vielmehr auf eure Werke und urteilt nach eurem Gefallen, indem ihr nach Belieben tut und lasst, was ihr wollt.«

Und sie wird noch schärfer und wagt sich an eine Andeutung der Zustände angesichts des Schismas: »Ihr aber lasst euch durch jeden daherfliegenden weltlichen Namen lahm legen. Bald seid ihr Soldaten, bald Knechte, bald Possenreißer. Mit eurem leeren Getue verscheucht ihr aber bestenfalls im Sommer einige Fliegen.«

Dann kommt sie auf das Problem zu sprechen, welches das Volk immer stärker dem neuen, kirchenfernen Glauben der Katharer zutreibt: »Allein ihr seid zu Boden geworfen und seid kein Halt für die Kirche, sondern flieht in die Höhle eurer Lust. Und wegen eures ekelhaften Reichtums und Geizes sowie anderer Eitelkeiten unterweist ihr eure Untergebenen nicht und gestattet nicht, dass sie bei euch Belehrung suchen, indem ihr sprecht: ›Wir können unmöglich alles schaffen …‹ …

Zu der Zeit, da dies geschieht, wird ein irrendes Volk, das noch schlimmer sein wird als das irrende, das jetzt da ist, über euch herfallen, um euch zu stürzen, die ihr die Pflicht verletzt und das Gesetz übertretet. ...

Weshalb haltet ihr solche Leute bei euch auf? Warum duldet ihr die unter euch, die die ganze Erde mit ihren schmutzigen Schändlichkeiten besudeln? Der Trunksucht sind sie ergeben und ausschweifend. Wenn ihr sie nicht ausweist, wird die ganze Kirche zugrunde gehen ...

Denn der Teufel ist bei diesen Leuten ... Er sagt sich: ›Gott liebt die Keuschheit und Enthaltsamkeit. Das will ich bei diesen Menschen nachäffen.‹ ... Daher lieben sie die Weiber nicht, sondern fliehen sie. So werden sie sich nach außen, vor allen Menschen, in aller Heiligkeit darstellen ... Und hinterher treiben sie doch insgeheim mit jenen Weibern Wollust. So kommen ihre Verdorbenheit und ihr Sektenwesen offen ans Tageslicht.«

Noch einmal greift sie die verfallenden Sitten des Kölner Klerus auf: »Aber ihr seid ein böses Beispiel in den Herzen der Menschen, da das Bächlein guten Rufes von euch nicht ausgeht. Ihr habt keine rechte seelische Einschätzung für das, was ihr essen und womit ihr euch bekleiden sollt, sondern tut böse Werke, weil euch das Gut der Erkenntnis mangelt. Deshalb wird eure Ehre schwinden und die Krone von eurem Haupte fallen.«

Hildegards Predigt trifft die Geistlichen hart. Doch obwohl die Anklagen ungeheuerlich sind, traut sich keiner, Hildegard öffentlich dafür abzustrafen. Zu groß ist der Respekt vor dem Herrn, dessen Sprachrohr sie ist.

Vielen der Kleriker öffnet die Predigt aber die Augen. Denn sie wissen, dass Hildegard recht hat. Schon längst lebt der Kölner Klerus nicht mehr so vorbildlich, wie er sollte. Und die Katharer mit ihrer geheuchelten Frömmigkeit nehmen langsam überhand. Der von ihnen gepredigte Dualismus, der eine Trennung des bösen leiblichen Körpers von der guten Seele durch völlige Enthaltsamkeit und

Verzicht auf alle irdische Güter fordert, widerspricht der christlichen Vorstellung der Einheit von Körper, Seele und Geist, die Hildegard immer wieder hervorhebt.

Kaum zurück im Kloster Rupertsberg, erreicht Hildegard ein Brief vom Kölner Domdekan Philipp von Heinsberg. Besserung gelobend, bittet er um eine schriftliche Fassung der Predigt. Kurz darauf kommt dieselbe Bitte aus Mainz. Die Predigt hat sich herumgesprochen, der Inhalt wird demütig aufgenommen.

Der Kölner Klerus aber reagiert auf seine ganz eigene Art auf Hildegards Aufruf zur Vertreibung der Katharer: Am 5. August 1163 werden vier Männer und ein Mädchen nach einem Verhör im Dom zu Köln einem weltlichen Gericht übergeben und als Ketzer verbrannt. Das Mädchen war durch das Mitleid des Volkes fast gerettet worden, riss sich dann aber los und stürzte sich in die Flammen. Es ist eine der ersten Ketzerverbrennungen.

12. Kapitel

Im Ringen um die Weltordnung

Das zweite Visionsbuch ist beendet. Der »Liber vitae meritorum« – das Buch der Lebensverdienste – spiegelt ein Bild der Zeit. Hildegard verarbeitet, vom lebendigen Licht geleitet, das Zerrspiel von Gut und Böse. In symbolträchtiger Sprache treten nun die fünfunddreißig Tugenden gegen fünfunddreißig Laster an, verkörpert von bizarren Gestalten, die in Streitgesprächen um die Gunst des Lesers werben.

So lässt Hildegard die *discretio*, die Gabe der Unterscheidung und klaren Beurteilung, der *immoderatio* entgegentreten, der personenhaften Maßlosigkeit: »Du benimmst dich wie die Jungen wilder Tiere, die noch kein Maß kennen, und handelst wie das schmutzige Vieh. Alles nämlich, was in der Ordnung Gottes steht, antwortet einander. Die Sterne funkeln vom Licht des Mondes, und der Mond leuchtet vom Feuer der Sonne. Jedes Ding dient einem Höheren, und nichts überschreitet sein Maß. Du aber nimmst weder auf Gott Rücksicht noch auf seine Geschöpfe.«

Hildegard versteht den Zwiespalt der Menschen, erblickt in ihren Visionen aber auch die Strafe, die jene ereilt, bei denen die Laster siegen. Diese Strafe ist jedoch nicht nur weltlicher Art. Schon in ihrem naturheilkundlichen Werk weist sie auf die körperlichen Folgen von Lasterhaftigkeit hin: »Hat der Mensch einmal sein Maß überschritten, so verhalten sich dementsprechend auch seine Eingeweide.«

Die Auseinandersetzung des Menschen mit Gut und Böse begegnet Hildegard überall, wohin sie sieht: auf ihren Predigtreisen, beim Kampf von Papst und Kaiser um die Vormachtstellung, in den Briefen der Verzweifelten.

Sie alle verkennen die eigene Verantwortlichkeit für die Weltordnung. Warum nur wollen die Menschen nicht begreifen, dass man nichts machen kann, ohne dass es auch auf das persönliche Wohl Auswirkungen hat? Und dass es nur denen wirklich gut gehen kann, die Gutes tun?

Geiz, Habsucht, Zorn, Ruhmsucht und Ausschweifung, ja, auch die Verzweiflung nehmen überhand, vergiften die Seele und beeinträchtigen das Leben derjenigen, die unter den Lastern anderer leiden müssen. Noch immer gelten die tief empfundenen Stimmungen als Triebfeder des Lebens, unabänderlich und unberechenbar. Viele von ihnen werden glorifiziert. Was soll denn schon so schlimm sein an der Sorge um irdische Dinge und am Geiz, der Hab und Gut zusammenhält?

»Ob man sich wohl auch nur einen Menschen auf der Welt denken könnte, der nicht das Wissen um Gut und Böse hätte?«, steht nun auf Pergament geschrieben. »Keinen einzigen! Mit seinem Wissen um Gut und Böse besitzt der Mensch die Gottesliebe und die Gottesfurcht. Mit beiden Fähigkeiten nehme er den Pflug in die Hand und lasse seinen Acker fruchtbar werden.«

Gleich der Botschaft, die sie unermüdlich in ihren Briefen verkündet, ruft sie auch hier auf: Wendet euch den Tugenden zu! Seid barmherzig, geduldig, friedfertig und tapfer! Denn das Leben in Tugend ist der Weg zum Heil. Und nicht nur nach dem Ableben, wie es die Katharer versprechen. Nein, hier auf Erden werden die Tugenden jede Krise zu bewältigen helfen.

Es ist ein praktischer Ratgeber, der zusammenfasst, was im menschlichen Miteinander wegweisend ist. Alles in benediktinischer Aura. Dennoch bemühen sich auch Zisterzienser Klöster um eine Abschrift. Jahre später wird im Kloster Villers in den Niederlanden das Werk sogar bei Mittagstisch vorgelesen, wenn die Mönche essen und schweigend lauschen, was ein zuvor ausgewählter Lektor ihnen vorträgt. Hildegard ist zu einer bedeutenden theologischen Autorität geworden.

Dennoch: Die letzten Jahre haben sie erschöpft, sie ist bis an ihre Grenzen gegangen. Aber auch jetzt kann sie nicht ruhen. Wieder einmal streckt eine Krankheit sie nieder – inmitten einer gewaltigen Schau, die ihren Körper erbeben lässt. Zum ersten Mal verliert sie während einer Vision das Bewusstsein.

In den Notizen zu ihrer Vita beschreibt sie dieses Erlebnis: »Einige Zeit später sah ich eine geheimnisvolle, wunderbare Schau, so dass ich zuinnerst erschüttert wurde und die Empfindungen meines Körpers erloschen. Denn mein Bewusstsein wurde derart gewandelt, als ob ich mich selbst nicht mehr kennte.«

Hildegard erhält gleich dem Evangelisten Johannes eine Offenbarung über Gottes Erschaffung der Welt. »Und ich sah, dass diese Auslegung der Anfang einer neuen Schrift sein müsste, die noch nicht offenbar geworden war. In ihr sollten viele Fragen der göttlich-geheimnisvollen Schöpfung untersucht werden.«

Nein, sie darf sich nicht ausruhen. Die Zeit drängt. Hildegard ist fünfundsechzig Jahre alt, als sie sich erschöpft und zitternd der Vision beugt und sich wieder ans Schreiben macht. Zusammen mit ihrem Sekretär und Probst Volmar beginnt sie ihr drittes Visionswerk, den »Liber divinorum operum« – das Buch der Gotteswerke.

In der Zwischenzeit drückt Friedrich Barbarossa dem Reich immer mehr seinen kaiserlichen Stempel auf. Seit der Heirat mit der jungen Beatrix von Burgund hat sich sein Reich vergrößert: Barbarossa herrscht über das Deutsche Reich, Italien mit der Lombardei und Ligurien und nun auch über Burgund.

Galt er anfangs noch als charmant und diplomatisch, so entwickelt er sich nun immer mehr zu einem strengen Herrscher. Wer nicht auf seiner Seite steht, wird vernichtet. Als die reichen lombardischen Städte Mailand und Cremona aufbegehren, rüstet er zum dritten Italienfeldzug. Mailand wird vollständig zerstört, die städtischen Bewohner werden als Bauern ausgesiedelt.

Auch in Deutschland wird hart durchgegriffen. Noch immer herrscht Uneinigkeit in der Frage der Päpste, unter Bischöfen wird immer offener Stellung bezogen. In alexandertreuen Regionen wird von der Gegenseite um die Anerkennung des vom Kaiser eingesetzten Papstes Viktor gerungen.

Vor allem der Rheingau ist betroffen. Hildegard muss befürchten, dass das Kloster Rupertsberg in den Kampf mit einbezogen werden könnte. Denn was sie vom Schicksal vieler überfallener und geplünderter Klöster hört, ist beunruhigend.

Wie gerne würde sie aufbegehren, den Kaiser zu Umkehr mahnen, doch das Einzige, was das Kloster vor dem Untergang bewahren kann, ist eine neutrale Haltung, so schwer es auch fällt. Besser noch: eine schriftlich fixierte, vom Kaiser persönlich unterzeichnete Schutzurkunde, die seine Truppen davon abhält, Hildegards Kloster heimzusuchen.

Die Gelegenheit zu einem Gespräch ergibt sich auf dem kaiserlichen Hoftag in Mainz.

Ein Hoftag ist immer etwas Besonderes, von überall her strömen die Menschen in die Stadt am Rhein. Viele sind gekommen, um den Beschlüssen des Kaisers und seiner Berater beizuwohnen oder selbst Anliegen vorzubringen.

Hildegard ist nur eine von vielen, und die Aussicht auf Erfolg ist schwer einzuschätzen. Sie hat allerdings hochgestellte Befürworter. Mit einem engen Vertrauten des Kaisers, Erzbischof Eberhard von Bamberg, verbindet sie ein reger, freundschaftlicher Austausch. Auch mit dem angesehenen Erzbischof Eberhard von Salzburg führt sie während des Hoftages vertrauliche Gespräche, er sucht und schätzt ihren Rat. Unter dem Siegel der Verschwiegenheit vertraut er Hildegard an, dass er, der Papst Alexander III. die Treue hält, vom Kaiser massiv unter Druck gesetzt wird. Unter vorgehaltener Hand bilden sich Parteien. Aber niemand wagt es, dem Kaiser in die Parade zu fahren.

Dann wird auch Hildegard zum Kaiser vorgelassen. Sie trägt ihr Anliegen mit viel Engagement und dem Charisma der prophetischen Bekanntheit vor.

Wollte der Kaiser sich des weiteren Schweigens der berühmten Prophetin versichern? Oder zollte er, der sich als von Gott eingesetzt betrachtete, dem Sprachrohr Gottes Respekt?

Am 18. April 1163 stellt Kaiser Friedrich Barbarossa die erbetene Schutzurkunde aus, in der er mit Bezeugung hoher Kirchenfürsten – unter anderem der Erzbischöfe von Salzburg und Mainz sowie mehrerer weltlicher Fürsten – die Urkunden von 1158 bestätigt und sowohl Steuerfreiheit als auch besonderen kaiserlichen Schutz zusichert. Es ist hier das erste und einzige Mal, dass Hildegard auch offiziell als Äbtissin bezeichnet wird.

1164 stirbt der vom Kaiser eingesetzte Papst Viktor IV. Aber auch sein Tod kann den Konflikt nicht lösen. Friedrich Barbarossa stimmt auf Druck seines Erzkanzlers von

Italien, dem Kölner Erzbischof Rainald von Dassel, kurzerhand der Ernennung eines neuen Papstes zu: Paschalis III.

Der rechtmäßige Papst Alexander III. bleibt klug und weltmännisch besonnen und kann ein Jahr später aus dem Exil nach Rom zurückkehren. In Deutschland zieht er immer mehr den Respekt und die Anerkennung der zerrissenen Bischöfe auf sich. Vor allem im Rheingau nehmen die Befürworter von Alexander überhand.

Friedrich Barbarossa antwortet mit Gewalt. Der papsttreue Erzbischof von Mainz wird abgesetzt. Kaiserliche Truppen ziehen plündernd durch den Rheingau und verwüsten das Land.

Auch in Bingen wüten die Truppen, der Kampflärm dringt über die Nahe bis hin zum Kloster und versetzt die Nonnen in Angst und Schrecken. Der Rupertsberg jedoch bleibt unangetastet.

Hildegard muss still halten, wenn der Kaiser den Schutzbrief nicht zurückziehen soll. Aber in ihr wächst der Groll. Hatte er nicht nach ihrer Zusammenkunft auf der Kaiserpfalz Ingelheim versprochen, sich in allen Unternehmungen für die Ehre des Reiches abzumühen und einzig im Blick auf die Gerechtigkeit gerecht zu urteilen? Nichts ist mehr davon übriggeblieben. Er hat das Deutsche Reich mit Autorität geeint, aber die Kirche gespalten.

Hildegard weiß, dass Zorn, der kein Ventil findet, zur Krankheit führt. Nicht lange, und sie wird sich ihren Gefühlen stellen müssen und ihre aufgestaute Wut demjenigen entgegenschleudern, der sie verursacht hat: Kaiser Barbarossa höchstpersönlich.

13. Kapitel

Die Vorbereitung des Vermächtnisses

Die kaiserlichen Truppen wüten überall und lassen auch das Augustinerkloster in Eibingen nicht aus. 1148 gegründet, ist es nun, nur siebzehn Jahre später, völlig verwüstet.

Als Hildegard von dem Unglück erfährt, nimmt sie das verwaiste Kloster in Augenschein. Es liegt nur wenige Stunden vom Rupertsberg entfernt, oberhalb von Rüdesheim, auf der anderen Seite des Rheins.

Was sie sieht, macht beklommen. Hier, an der Stelle der Zerstörung, stand einmal ein prachtvolles Doppelkloster, in der Nonnen und Mönche ihr Leben Gott gewidmet hatten. Was muss in ihnen vor sich gegangen sein, als die Truppen einfielen und keinen Respekt vor geistigen Werten hatten? Was haben sie gefühlt, als sie aus den Schlafsälen, aus dem Skriptorium, aus dem Kapitelsaal getrieben wurden?

Vor der Äbtissin liegen Schutt und Asche. Dennoch ist genügend Substanz vorhanden, um das Kloster mit einer gründlichen Renovierung wiederherzustellen. Die Anlage ist groß und würde das Platzproblem ihres inzwischen wieder stetig anwachsenden Konvents mit einem Schlag lösen. Zumal die Nähe zum Rupertsberg ideal ist, um beide Klöster unter ihrer Leitung führen zu können.

Es ist das Jahr 1165, als Hildegard sich dazu entschließt, das zerstörte Eibinger Kloster wieder aufzubauen und für 30 Benediktinernonnen herzurichten.

Die Bauarbeiten gehen zügig voran. Schon nach kurzer Zeit füllt sich das Kloster mit Leben. Novizinnen und

Nonnen, Bedienstete und Laien ziehen in die fertigge-
stellte Anlage ein. Das klösterliche Leben orientiert sich
an den benediktinischen Regeln und erlaubt dazu den
Nonnen – gleich dem Schwesterkloster Rupertsberg –, an
Festtagen das Haar mit Seidenschleier und goldenem
Kranz geschmückt offen zu tragen.

In einem Punkt jedoch unterscheidet sich das neue
Kloster: Hier werden nicht nur adelige Frauen aufgenommen, es steht nun auch Nichtadeligen offen – kei-
neswegs wegen der Kritik, welche die inzwischen verstorbene Tenxwind an Hildegards rein adelig besetztem
Kloster übte. Der Zeitgeist hat sich gewandelt. Nicht nur
St. Marien in Andernach ist offen für gemischte Stände,
auch die befreundeten Klöster Hirsau und Zwiefalten geben sich als neue, offene Konvente. Die programmatisch
verkündete Offenheit für Menschen unterschiedlichster
Herkunft zieht sich durch ganz Europa und nimmt auch
Hildegard für sich ein. Zudem sind adelige Frauen ver-
wöhnter und weniger belastbar, das bekam Hildegard
nicht nur in den harten Anfangsjahren zu spüren.

Zweimal in der Woche lässt sich Hildegard über den
Rhein setzen, um das neue Kloster zu besuchen. Sie
nimmt es damit sehr genau, zu jeder Jahreszeit, bei jeder
Witterung. Hildegard, die immer das benediktinische
Mittelmaß predigt, schont sich selber nicht.

Als sie eines Tages wieder einmal mit dem Schiff auf dem
Weg nach Eibingen den Rhein überquert, nähert sich ihr
eine Frau in einem Kahn. In ihren Armen liegt ein blinder
Junge. Die Frau bittet Hildegard um Hilfe, sie möge dem
Kind ihre heiligen Hände auflegen.

Hildegard folgt ihrem Wunsch. Dann schöpft sie,
gleich der Heilung eines Blinden im Johannes-Evange-
lium, mit der linken Hand Wasser aus dem Fluss und segnet es mit der rechten. Das gesegnete Wasser aber sprengt

sie dem Jungen über die Augen. Und tatsächlich: Der Junge kann wieder sehen!

Für die ihr Nahestehenden ist es kein Wunder, sondern nur Ausdruck ihrer Heiligkeit. Schon häufig hat sie Kranken alleine durch ihre Anwesenheit, mit Beten oder geweihtem Wasser geholfen. Manche berichteten sogar, dass sie auf dem Krankenlager im Geiste das Bild Hildegards gesehen und ihre Worte vernommen hatten und wieder gesundeten.

Hildegard ist fast siebzig. Man muss annehmen, dass ihre Zeit bald abläuft. Im Kloster wird offen über die Dinge gesprochen, die nach ihrem Ableben geschehen sollen. Eines davon ist der Prozess der Heiligsprechung, dessen Notwendigkeit nun, nach der gottgewollten Heilung des Jungen, wieder einmal unter Beweis gestellt wurde.

Hildegard selbst möchte ihr Lebenswerk ordnen. Es gibt so vieles, was der Nachwelt wohlsortiert erhalten werden soll.

Ihr erstes Visionswerk »Scivias« erhält 35 prachtvolle, in Deckfarben und reichem Gold und Silber gemalte Miniaturen, kleine Kunstwerke, die den bildhaften Text illustrieren und interpretieren, um dem Leser die ungewöhnlichen Vorstellungen zu erleichtern.

Auch die Briefe, die Hildegard schrieb und von denen Abschriften angefertigt wurden, müssen dem zukünftigen Leser leichter zugänglich gemacht werden.

In dieser Zeit ist es ganz natürlich, dass Briefsammlungen planvoll angelegt werden. Auch Bernhard von Clairvaux ließ zu Lebzeiten seine Briefesammlung von einem Sekretär zusammenstellen, obwohl er einen Großteil seiner Korrespondenz von seiner Kanzlei führen ließ. Viele der unter seinem Namen verfassten Schreiben hat er nicht gesehen, einige nur als Konzept aufgesetzt.

Auch für Hildegard ist das Beantworten einfacher Anfragen mittels allgemein gültiger vorgefertigter Brieffragmente nichts Ungewöhnliches. Wie auch sollte sie, deren Tag voll mit den verschiedensten Arbeiten angefüllt war, all den Menschen persönlich antworten?

Da nun das Ende ihrer Zeit immer absehbarer wird und eine beeindruckende Briefesammlung für eine Heiligsprechung notwendig ist, beginnen die Sekretäre unter Anleitung von Volmar im Skriptorium die vorhandene Korrespondenz nicht nur stilistisch auszufeilen und hierarchisch zu sortieren, sondern auch redaktionell zu bearbeiten.

Ein Großteil der Korrespondenz geschah auf mündlichem Wege. In vielen Fällen war es zu riskant, Dinge schriftlich festzuhalten, man gab es dem Briefboten als gesprochenes Wort mit auf den Weg. Nun aber müssen diese Worte eingefügt werden, um dem zukünftigen Leser den Sinn der Korrespondenz nicht vorzuenthalten.

Gab es zu wichtigen Persönlichkeiten keine Korrespondenz, wird sie neu hinzugefügt, um das Bild der von Gott berufenen Prophetin und Mahnerin abzurunden.

Manches davon bekommt Hildegard nicht mit, aber das, was sie sieht, lässt sie geschehen. Warum auch nicht? Es ist Usus, hat nichts von Geschichtsfälschung, sondern von dem Ausfeilen eines Werkes, so wie auch ein Schriftsteller an seinen Werken schleift, bis es gefällig ist. Die Werke dieser Zeit dienen nicht der Darstellung von Tatsachen, sondern der Übermittlung einer bestimmten Aussage. Und Hildegards Aufgabe ist es, den Menschen die göttliche Botschaft so zu vermitteln, dass sie sie ohne Ablenkung verstehen.

Nein, alles andere wäre ungehörig, es musste gut lesbar sein und keine Fragen offen lassen. Schrieb man doch auch Heiligenviten ständig dem Zeitgeist entsprechend um. Es ist die goldene Epoche der bewussten Umgestaltung, um aus Fragmenten ein zitierfähiges Werk zu bilden, das Leser und Zuhörer fesselt.

Eine dieser Briefsammlungen wird später an das Kloster Zwiefalten gehen, dessen Abt Berthold auch ein intimer Kenner von Hildegards Geheimsprache, der Lingua ignota ist. Es ist die älteste erhaltene Handschrift mit 133 Briefen. Anhand des Schriftbildes lassen sich 24 unterschiedliche Schreiber erkennen, darunter auch jene, die im Skriptorium des Rupertsberg tätig waren.

14. Kapitel

Klare Worte an Kaiser Barbarossa

Es ist das Jahr 1167, als Hildegard erneut schwer erkrankt und das Bett nicht verlassen kann.

Die Nachrichten, die an ihr Krankenlager herangetragen werden, sind entmutigend: Das kaiserliche Heer, das im Herbst des vergangenen Jahres mit mehr als zehntausend Rittern und unzähligen Söldnern nach Rom aufgebrochen war, um den schwelenden Konflikt mit Macht für sich zu entscheiden, hat die Heilige Stadt inzwischen erreicht.

Die vollständige Eroberung Roms steht kurz bevor, erst dann wird Barbarossa als Kaiser von Italien keinen Titel mehr ohne Inhalt führen. Ein Teil der Stadt ist nach blutigen Kämpfen bereits eingenommen, nun zieht das Heer weiter in Richtung Peterskirche.

Papst Alexander III. kann als Pilger verkleidet fliehen, auf einem Boot den Tiber aufwärts. Der Weg für den kaiserlichen Papst ist frei. Am 1. August 1167 krönt der inthronisierte Papst Paschalis III. Barbarossas Ehefrau Beatrix zur Kaiserin.

Das Heer ist stark, der Sieg über Rom fast schon ein Kinderspiel. Alle wichtigen Lehensmänner sind dabei, darunter mächtige Bischöfe und weltliche Fürsten.

Der nächste, lange geplante Schritt ist die Eroberung Siziliens. Im letzten Jahr war der alexandertreue Normannenkönig Wilhelm I. von Sizilien gestorben. Mit Blick auf die Eroberung des südlichsten Zipfels hatte Barbarossa das große Heer gerüstet. Rom war nur ein längst fälliges Zwischenspiel, nun aber liegt die Herrschaft über ganz Italien in greifbarer Nähe.

Bevor Barbarossa jedoch sein ehrgeiziges Ziel in Angriff nehmen kann, ereilt sein Heer eine Katastrophe, die dem siegreichen Italienfeldzug eine unerwartete Wendung geben soll.

Der Sommer ist drückend heiß und für das deutsche Heer schwer zu ertragen. Als die heftigen Regengüsse kommen, scheint das Schlimmste überstanden, aber der Regen hört nicht auf. Die Stechmücken nehmen zu, es werden immer mehr. Einige von ihnen beherbergen eine todbringende Krankheit: die Malaria.

Unverhofft bricht sie aus und rafft fast zweitausend Männer dahin. Unter ihnen ist auch der radikale Kölner Erzbischof Rainald von Dassel, Erzkanzler von Italien, und Bischof Daniel von Prag, der gerade zu Italiens Hofrichter ernannt worden war. Dazu eine große Anzahl Bischöfe und Männer des weltlichen Adels. Der Verlust ist hoch und reißt ein riesiges Loch in die Nachfolge der Adelsgeschlechter, das auch Jahrzehnte später nicht ausgeglichen sein wird.

Dann kommt die Ruhr. Das Heer ist schwer angeschlagen, unfähig zum Kampf. Für Papst Alexander ein deutlicher Fingerzeig Gottes. Nun hat der Herr in den Zwist eingegriffen und ihm Krankheiten zu Hilfe geschickt. Die vom Kaiser so barbarisch unterworfenen Städte fassen Mut und schließen sich zusammen. Die Lombardei verbündet sich mit dem venezianischen Bund, der gemeinsam mit Papst Alexander III. um die Unabhängigkeit Italiens kämpft. Mailand und selbst das kaiserfreundliche Cremona wittern die Chance, sich aus der unliebsamen Unterdrückung zu befreien. Die lästigen Markt- und Handelssteuern sowie die hohen Zollabgaben für Flüsse und Straßen durch den Kaiser bescherten hohe finanzielle

Verluste. Nun aber ist der Zeitpunkt gekommen, sich von der verachteten Reichsverwaltung zu befreien.

Die Truppen der italienischen Verbündeten sind stark. Kaiser Barbarossa muss fliehen und schleicht sich als Knecht verkleidet aus dem Land.

Als Symbol des Widerstandes errichtet der siegreiche lombardische Städtebund in strategisch wichtiger Lage am Tanaro, einem Nebenfluss des Po, eine Bundesfeste. Ihr Name ist Alessandria, ein Bekenntnis zu Papst Alexander.

Von dem unrühmlichen Ende des vierten Italienzuges bekommt Hildegard nur am Rande mit. Sie ringt mit dem Tode. Ihre Krankheit hat sich herumgesprochen, viele Anfragen treffen ein, die Menschen sind besorgt über den Zustand der Prophetissa.

Philipp von Heinsberg, einst Kölner Domdekan und seit dem Tode des Rainald von Dassel in Italien neuer Erzbischof von Köln, ist Hildegard freundschaftlich verbunden. Ihre große Predigt in Köln hatte ihn tief beeindruckt. Seitdem zählt er zu ihren glühendsten Verehrern und versucht, jede Gelegenheit wahrzunehmen, um sie auf dem Rupertsberg zu besuchen. Als er von dem Zustand der Prophetissa erfährt, schickt er sofort einen Briefboten zum Kloster.

»Die Kränklichkeit und Zartheit deines Körpers haben mein Herz und die Herzen der vielen, die hierzulande in Christus dich lieben und dir gute Gesundheit und das wahre, ewige Heil wünschen, beunruhigt und erschreckt. Es hat uns daher gefallen, nachzuforschen und uns Gewissheit über dein Befinden zu verschaffen.«

Er kündigt einen weiteren Besuch an, der sich noch dieses Jahr ergibt, und ist zutiefst besorgt, denn er benötigt ihren Rat. Die neue Position als Erzbischof fordert ihn sehr, längst nicht alle Kölner Geistlichen haben sich Hildegards Worte zu Herzen genommen, der Großteil lebt noch immer in Verfall und Dekadenz.

Philipp von Heinsberg scheint trotz aller Besorgnis nicht wirklich daran zu glauben, dass Hildegard stirbt, und er soll recht behalten. Langsam geht es der Äbtissin besser. Sie spürt, dass ihr Körper nicht mehr so viel Kraft hat, sich gegen die immer stärker aufbäumenden Krankheiten zu wehren, aber ihr Geist ist wach und klar. So ist sie kämpferisch, als sie dem Erzbischof antwortet, und voller geistiger Energie: »Du aber ... strahlend im Namen des allerhöchsten Priesters: Verbirg nicht dein Licht – das heißt: die Worte der Gerechtigkeit – vor deinen Untergebenen. ... Stelle ihnen vor Augen, wie verderblich die Bosheit für ihre Seelen und ihre Glückseligkeit ist. ... Durch schmutzige und unstete Sitten darfst du dich nicht mit ihnen gemein machen noch darauf schauen, was gefällt oder nicht gefällt. ... Sei tapfer und stark in der schiffbrüchigen Welt und in den harten Kämpfen gegen die Ungerechtigkeit. Dann wirst du als ›heller Stern‹ in der ewigen Seligkeit strahlen.«

Das Licht nicht verbergen, die Bosheit vor Augen führen und nicht darauf achten, ob das, was man sagt, gefällt oder nicht ... Das alles, was sie dem Kölner Erzbischof geraten hat, führt Hildegard selbst nicht immer aus. Wieder und wieder muss sie mit ansehen, wie der Kaiser in kirchliche Belange eingreift und damit die gottgewollte Einheit zerstört und nicht nur fähige, sondern auch dekadente und machtgierige Männer auf den höchsten Posten setzt.

Es ist an der Zeit, selbst Mut zu fassen, offen zu sagen, was sie allen anderen predigt. Sie muss den Kaiser mahnen, auch wenn es bedeuten kann, dass er ihr die Gunst entzieht.

Als Paschalis III. im Jahre 1168 stirbt und trotz aller

Widerstände ein neuer kaiserlicher Papst folgt, Calixt III., schreibt Hildegard endlich einen Mahnbrief an den Kaiser, in dem sie all ihren aufgestauten Unmut entlädt. Als Sprachrohr Gottes verkündet sie dem Kaiser den göttlichen Zorn und die Strafe, die ihn ereilt, wenn er nicht von seinem Tun ablässt: »Der da Ist, spricht: Die Widerspenstigkeit zerstöre Ich, und den Widerstand derer, die Mir trotzen, zermalme Ich durch Mich selbst. Wehe, wehe diesem bösen Tun der Frevler, die mich verachten! Das höre, König, wenn du leben willst! Sonst wird mein Schwert dich durchboren!«

15. Kapitel

Die Heilung der besessenen Frau Sigewize

Eines Tages erreichen Boten aus dem Kloster Brauweiler den Rupertsberg. Sie bringen Nachricht von Abt Gedolph.

Er beherberge eine Frau namens Sigewize, eine Adelige aus einer vornehmen und sehr reichen Kölner Familie, die bereits seit sieben Jahren vom Teufel besessen sei. Sie sei sehr verwirrt und tue lauter Unziemlichkeiten. Endlich sei sie zum Kloster Brauweiler gebracht worden, in dem die Mönche sofort versuchten, die Frau mit Gebeten und Beschwörungen zu befreien, als der böse Geist aus ihr sprach und erklärte, er wolle nur auf Rat und Hilfe der alten Frau aus der Gegend des Rheins hin weichen. Er nannte sie Schrumpelgardis, aber der Abt wusste sofort, wer damit gemeint war.

»Wir alle haben, zusammen mit dem Volk, um die Befreiung dieser Frau schon drei Monate lang auf vielfache Weise uns abgemüht«, schreibt der Abt in großer Bedrängnis, »und haben – dies sagen wir nicht ohne Schmerz – infolge unserer Sünden nichts erreicht. Daher haben wir alle unsere Hoffnung nächst Gott auf Euch gesetzt.«

Besessene Seelen gibt es in dieser Zeit zuhauf, man sieht sie verwirrt und laut lamentierend auf den Straßen und in den Städten. Doch meist waren es arme Sünder, die sich vollends von Gott abgekehrt hatten und dem Heil entflohen. Frau Sigewize jedoch ist eine fromme Frau, die bereits viele Orte mit Heiligenreliquien besucht hatte, um zu gesunden. Dieser Fall liegt anders, und er ist höchst ungewöhnlich.

Die Kräfte des Bösen aber sind unberechenbar. Es ist ein ewiger Kampf um die Welt, und den gilt es mit Gottes Hilfe zu gewinnen.

Im Glauben vieler Menschen dieser Zeit existiert neben der offiziellen Welt der Gottheit, der Heiligen und Dämonen noch eine Welt von Zwischengeschöpfen, den Feen, Wassermännern, Kobolden, die allesamt durch Kreuzeszeichen und Unheil abwendende Bräuche in Schach gehalten werden sollen.

Selbst der fromme Abt Bernhard von Clairvaux hatte zu Lebzeiten Briefe um den Hals getragen oder an Kranke verschickt, die Dämonen abwehrende Sprüche enthielten, obwohl es seitens der Kirche verboten ist.

Was aber, wenn selbst göttliche Rituale, die Reliquien der Heiligen und Beten nicht mehr nützen? Bedeutet das den Sieg des Bösen?

Hildegard ist ein Mensch dieser Zeit, aufgewachsen mit dem Glauben an Luftgeister und Dämonen, den Dienern des Teufels. Und auch für sie ist die Existenz des Teufels mehr als nur Ausdruck der symbolischen Sprache. Es ist Teil des Kampfes um die Seelen der Menschen, auch wenn der Mensch ihrer Ansicht nach dem Bösen nicht ausgeliefert ist, vor allem nicht, wenn er auf Gott vertraut.

Diese Angelegenheit ist daher von großer Bedeutung. Ein Scheitern könnte dem Ansehen der gesamten Kirche schaden, denn der Fall hat bereits große Aufmerksamkeit erlangt. Hildegard möchte helfen, gerne würde sie zum Kloster Brauweiler fahren, um sich der Besessenen persönlich anzunehmen. Doch ihr Körper ist noch zu sehr von der kräftezehrenden Krankheit geschwächt.

Hildegard weist ihre Schwestern an, für die Seele der besessenen Frau zu beten. Dann versenkt sie sich in eine Schau, um Näheres zu erfahren.

»Es gibt verschiedene Arten von bösen Geistern«, antwortet Hildegard dem besorgten Abt, »der Dämon aber, nach dem Ihr fragt, hat die Eigenart, sich den lasterhaften Sitten der Menschen anzupassen. Deshalb hält er sich gerne unter Menschen auf, kümmert sich auch wenig um das Kreuz des Herrn, die Reliquien der Heiligen und ähnliches, was zum Dienst des Herrn gehört. Ja, er verspottet bisweilen diese Dinge und fürchtet sie nicht sehr.«

Sie rät ihm zu einem Exorzismus durch sieben Priester, die fasten, sich geißeln, beten, Almosen geben und Messen feiern und dann demütigen Herzens, mit Priestergewand und Stola, in der Hand einen Stab, die Besessene im Kreis umstellen sollen. Nachdem der erste Priester Gottes Worte spricht, sollen alle die Frau mit dem Stab mäßig schlagen und dabei den bösen Geist auffordern, in Gottes Namen den Körper zu verlassen.

Es ist ein schmaler Grad zwischen Gläubigkeit und Aberglaube, aber die Austreibung des Bösen ist seit jeher Sache der Kirche. Hildegard kann sich dem nicht entziehen. Magie, als Möglichkeit der Weltbeeinflussung selbst bei Klerikern immer wieder eingesetzt, lehnt sie vehement ab. Ihr Weg ist das Vertrauen in die Kraft Gottes.

»Gott ordnet alles gerecht und offenbart in Gerechtigkeit die verschiedenen Gaben des Heiligen Geistes«, hatte sie im »Scivias« geschrieben, »er bestärkt die Gläubigen in den guten Werken, damit sie vom Teufel nicht überwunden werden können.« Und da die arme Frau Sigewize nun selbst keine guten Werke tun kann, werden es die Priester an ihrer statt tun.

Das schwierige Unterfangen gelingt zunächst. Unter Geheul und Gestöhne flieht der Dämon aus dem Körper der Frau, die kraftlos am Boden liegt. Die Umstehenden helfen ihr aufzustehen, und sofort bricht ein großer Jubel aus. Die Kirchenglocken werden zum Läuten gebracht, um den Sieg über den Teufel zu verkünden. Während die Brüder den Lobgesang anstimmen, aber fährt der Dämon in den Körper der Frau zurück. Er habe kein geeigneteres Gefäß finden können, verkündet er aus ihrem Mund. Zudem war die von ihm bezeichnete Schrumpelgardis ja nicht anwesend, und er würde nur durch sie persönlich weichen.

Abt Gedolph weiß sich nicht anders zu helfen: Er lässt die besessene Sigewize von ihren Beschützern zum Rupertsberg bringen, mit einem Empfehlungsschreiben im Gepäck, in dem er den leider nur kurzzeitigen Erfolg der Austreibung beschreibt.

»Deshalb schicken wir die Frau zu Eurer Heiligkeit«, beschließt er den Begleitbrief, »damit der Herr durch Euch vollziehe, wozu wir aufgrund unserer Sünden nicht würdig sind, und so der, der über alles mächtig ist, nach Vertreibung des alten Feindes in Euch verherrlicht werde.«

Es ist der 2. Februar 1169, als der Tross das Kloster Rupertsberg erreicht.

Im Kloster sorgt die Ankunft der Sigewize für große Aufregung. Die Nonnen und Sekretäre der Schreibstube sind inmitten der Vorbereitungen für eine posthum angestrengte Heiligsprechung. Die Briefe sind fast allesamt geordnet, viele Wunderheilungen notiert. Alle Welt blickt auf den Rupertsberg. Der Fall Sigewize wiegt schwer. Was, wenn es Hildegard nicht gelingt, die Frau zu befreien? Würde es ihren Ruf als Sprachrohr Gottes nicht nachhaltig beschädigen und die angestrebte Heiligsprechung verhindern?

Und was, wenn der Dämon sich nach erfolgter Vertreibung ein neues Gefäß unter den weniger tugendhaften Schwestern auswählt?

Die Angst geht um, doch Hildegard zeigt sich zuversichtlich. Sie bringt Sigewize unter deren Schand- und

Spottreden in die Wohnräume der Nonnen. Die Nonnen sind entsetzt. Das, was aus dem Mund dieser Frau kommt, ist furchtbar und gleichzeitig verwirrend. Sie meiden die Nähe und wenden sich erschrocken ab.

Hildegard hingegen rät zur besonderen Fürsorge. Voller Mitgefühl betrachtet sie die Qualen, denen die Frau ausgesetzt ist, hört sich all die unzüchtigen und sündhaften Worte an, die aus ihrem Mund quellen. Nach und nach tritt sie in Zwiesprache mit dem Dämon, der sich auch über Worte aus der Bibel auslässt, und korrigiert Irrtümer, die er ihr aus Sigewizes Mund entgegenschleudert. Sie ist dabei ganz ruhig – ruhig und besonnen.

Die Schwestern aber beten unablässig um die Seele der Sigewize, ebenso wie viele Frauen und Männer der Umgebung, denen die Ankunft der Besessenen nicht verborgen geblieben ist.

Am Samstag vor Ostern begeben sich alle Nonnen in die erst vor wenigen Jahren fertiggestellte Kirche zur Karsamstagsliturgie. Auch Sigewize ist mit dabei. Das Taufwasser wird geweiht, und als der Priester über das Taufwasser bläst und vom Geist Gottes spricht, der über den Wassern schwebt, beginnt die Frau zu zittern.

Das Zittern wird immer stärker, sie kann ihre Füße nicht mehr halten, die unablässig auf den Boden stampfen, wobei ihr laute Winde entfahren.

Hildegard erkennt, dass der richtige Zeitpunkt gekommen ist, und spricht: »Weiche, Satan, aus dem Lebenszelt dieser Frau und gib dem Heiligen Geiste darin Raum.« Ja, diese menschliche Hülle musste nicht nur befreit, sondern auch neu ausgefüllt werden, so dass der weichende Dämon keinen Platz mehr findet zurückzukehren.

Und so geschieht das Wunder: Der unreine Geist entweicht auf abscheuliche Weise, zusammen mit herausquellenden Ausscheidungen durch die Schamteile. Und

166

er sollte nie wieder zurückkehren. Die Geheilte aber tritt voller Dankbarkeit in das Kloster ein.

Die Kunde von der Heilung verbreitet sich schnell. Theoderich, Dekan der Kölner Kirche St. Aposteln, berichtet von der Freude über die Heilung, die in Köln eine wahre Frömmigkeitsliebe entfacht habe. Er bittet inständig um einen Bericht über die Art der Austreibung und schickt Grüße an Frau Sigewize, die er näher kennt. Auch Hildegards Neffe, der neue Erzbischof Arnold von Trier, möchte Näheres erfahren, aber die Äbtissin wiegelt ab.

»Mit der Besessenen jedoch, nach der ihr fragt, haben wir viel Verwunderliches erlebt; das können wir jetzt nicht brieflich berichten.«

Hildegard hat keine Kraft mehr, die Anstrengungen der letzten Monate schwächten ihren Körper nur noch mehr. Vierzig Tage lang erkrankt sie wieder schwer, aber sie weiß, dass ihre Zeit noch nicht gekommen ist. In einer weiteren Schau wird sie dazu aufgerufen, eine vierte Predigtreise zu unternehmen.

Im Jahre 1171, im hohen Alter von dreiundsiebzig Jahren, bricht Hildegard erneut zu einer beschwerlichen Reise auf. Es wird ihre letzte Predigtreise sein.

16. Kapitel

Letzte Predigtreise und Volmars Tod

Bevor Hildegard jedoch die anstrengende Reise antritt, muss sie sich noch einmal in eine Schau versenken.

Das Verhältnis zu den Disibodenberger Mönchen hat sich im Verlauf der Jahre entspannt, und aus der ehemaligen Abhängigkeit hat sich ein freundschaftliches Verhältnis gebildet. So tritt Abt Helinger mit einer Bitte an sie heran: »Denn wir haben – das müssen wir gleich bekennen – die Glut und Berührung Seines Lichtes aufs stärkste unter uns und in uns verspürt, da wir allen Zunder des Hasses und der alten Feindschaft, der sich schon durch Jahre hindurch festgesetzt hatte, einmütigen Sinnes abgeschüttelt und uns in aufrichtiger Liebe zu voller Einheit zusammengefunden ... Denn Ihr seid mit Euren Schwestern – so hoffen und wissen wir wahrhaftig – zwar dem Leibe, aber nicht dem Geiste nach von uns gegangen. Offenbart uns, ob wir uns wirklich in wahrer Liebe, die der Anfang allen Guten ist, zusammengefunden haben oder ob doch noch die Wurzel irgendeiner Uneinigkeit heimlich unter uns steckt. ...

Darüber hinaus pochen wir in einmütiger Übereinstimmung, gelegen oder ungelegen, an die Tür Eurer Liebe, dass Ihr die Taten und Tugenden sowie das Leben unseres und Eures Schutzpatrons, des heiligen Disibod, niederschreibt, in dessen Haus Ihr von Kindheit an erzogen wurdet.«

Hildegard, die bereits eine Vita über den heiligen Rupert, den Patron ihres Wirkungsortes, geschrieben hat, kommt diesem Wunsch nach, und zwar ausführlicher, als bei der Bitte seines Vorgängers, Abt Kuno.

Zwischen den noch laufenden Arbeiten am dritten Visionswerk, dem Liber divinorum operum, und den ersten Notizen für eine eigene Lebensbeschreibung entsteht die visionär empfangene Vita Disibodi.

Hildegard entwirft eine umfassende Geschichte, beginnt mit den Lebensstationen des jungen Disibod aus hochrangiger Familie Irlands. Sein Weg als Priester und Bischof bis hin zur Vertreibung und der religiösen Wanderschaft, bei der er schließlich zu der Stelle an Glan und Nahe kommt, den herausragenden und dichtbewaldeten Berg sieht und beschließt, hier seine lang erstrebte Ruhe zu finden. Hildegard bescheibt seinen heiligen Ruf als Eremiten und die wachsende Schar Gefährten, mit denen er schließlich ein Kloster gründet. Er selbst lebt wunderwirkend in den Wäldern, bis zu seinem Tod.

Die vierte und letzte Reise führt Hildegard nach Schwaben. Hier besucht sie die Klöster in Maulbronn, Hirsau und Zwiefalten.

Zu Berthold, dem ehemaligen Abt des Doppelklosters Zwiefalten, hat sie ein ganz besonders enges Verhältnis. Dreimal hatte er bereits sein Amt niedergelegt, weil die Unruhe und Zuchtlosigkeit der Mönche und Nonnen nicht in den Griff zu bekommen waren. Andere Äbte hatten sein Amt übernommen, sie alle waren gescheitert. Immer wieder hatte er seine Pflicht erneut aufgenommen, insgesamt neunzehn Jahre hatte er das Kloster geführt. Bis er 1169, im für diese Zeit ungewöhnlich hohen Alter von achtzig Jahren, das letzte Mal resignierte.

In seinen Amtspausen war er gerne gesehener Gast im Rupertsberg. Beim letzten Mal blieb er länger, lernte die von Hildegard entwickelte Lingua ignota, die unbekannte

Sprache, die sie wie selbstverständlich nun auch immer wieder in ihren Schriftwechsel einfließen lassen. Ihm vertraute Hildegard eine Abschrift des ersten Briefkodex an, an deren Fertigstellung Rupertsberger Schreiberinnen, Disibodenberger und Zwiefaltener Mönche gleichermaßen gearbeitet haben – unter anderem Abt Berthold selbst, der mit seiner sorgsamen, feinen Arbeit seine tiefe Zuneigung zur Rupertsberger Äbtissin offenbarte.

Hildegard drängt es danach, diese Reise anzutreten. Sie beide haben ein nahezu biblisches Alter erreicht, es wird mit Sicherheit das letzte Mal sein, dass sie Berthold noch einmal sehen kann.

Nun wird Hildegard also auch die unzüchtigen Mönche und Nonnen persönlich kennenlernen, die sie so manches Mal per Brief gemahnt hatte.

Das Kloster liegt im Aachtal, am südlichen Ausläufer der schwäbischen Alb, inmitten fruchtbarer Felder und ausgedehnter Wälder. Die Anlage ist erst vor wenigen Jahrzehnten um einen Frauenkonvent erweitert worden und besticht durch eine große romanische Klosterkirche mit Rundbögen, dicke festungsartige Mauern und kleine Fenster.

Vor dem greisen Berthold, seinem Nachfolger und den Mönchen und Nonnen des Klosters Zwiefalten predigt Hildegard zur Buße und Umkehr.

»Denn ihr wollt – obgleich ihr im Kloster seid – die Leber in euren Lenden nicht zähmen. Warum schämt ihr euch nicht, ihr, die ihr dem Eselsstall entrissen und vom höchsten Herrn in den erhabenen Ehrendienst heiliger kirchlicher Feiern gestellt worden seid, wie Dummköpfe wieder in den Eselsstall zurückzulaufen? ... Ach, welch Schmerz über dieses Elend! ... Flieht das, auf dass euer Heil schnell komme. Gebraucht eure Augen und wandelt auf rechtem Wege!«

Es ist etwas anderes, die Worte nicht nur aus einem Brief vorgelesen zu bekommen, sondern direkt aus dem Munde der charismatischen Äbtissin zu hören. Die Zwiefaltener Mönche und Nonnen, die bislang nicht auf die mahnenden Briefe reagiert haben, beeindruckt das persönliche Erscheinen Hildegards sehr. Noch Jahre später werden sie der Äbtissin gedenken und ihren Sterbetag in das Totenbuch des Klosters eintragen.

Die Reise war sehr kräftezehrend, doch in Hildegard brennt eine unerschöpfliche Energie. Ihre Mission ist ihr Antrieb, und sie lässt keine Zeit für Pausen.

Zurück im Rupertsberg arbeitet Hildegard weiter an der Vollendung des Liber Divinorum Operum. Es wird das größte Werk der Visionstrilogie werden und umfasst zehn Visionen. Es ist wie eine Zusammenfassung all ihrer Werke und beschreibt all die Dinge, die das Leben der Menschheit bestimmen. Vom Ursprung und Aufbau des Universums bis hin zum innerweltlichen und endzeitlichen Schicksal des Menschen. Der Mensch als Mikrokosmos, der in all seinen körperlichen, geistigen und seelischen Kräften die Gesetzmäßigkeiten des gesamten Makrokosmos widerspiegelt. Auch die Beschaffenheit des menschlichen Körpers und die Lehre von den Säften und deren Bedeutung für die Gesundheit findet darin Platz. Ausdrücklich betont sie hier die Gleichrangigkeit von Mann und Frau, auch innerhalb der Ehe.

Hatte sie im »Scivias« noch die traditionellen Strukturen der Kirche als gottgewollt gefestigt, so macht Hildegard nun Einschränkungen. Kirchenmänner, die ihren christlichen Pflichten nicht nachkommen, überlässt Gott der gerechten Rache der Weltleute. Denn das, was sie in all den Jahren an Korruption und Habgier von Kirchenfürsten erfahren hat, kann nicht Gottes Wille sein.

»Mit ihren Ämtern machen sie uns arm und bedürftig und entweihen sich und uns. Deshalb wollen wir über sie in einem gerechten Urteil urteilen und sie absondern, weil sie mehr Verführer als Lehrer sind.«

Ebenso hart wird der Einzug von Kirchenfürsten in weltliche Kriege verurteilt: »Und wie ziemt es sich, dass Träger der Tonsur mit ihren Stolen und Kaseln mehr Soldaten und Waffen besitzen als wir. Verträgt es sich etwa, dass ein Kleriker Soldat ist und ein Soldat Kleriker?«

Dann endlich ist die erste Niederschrift fertig. Nun muss es noch übertragen und redigiert werden. Seit Jahren übernimmt Volmar diese Aufgabe, verbessert die Grammatik und feilt am lateinischen Ausdruck. Er liebt und verehrt die Prophetissa und ihre Mission und ist immer wieder tief bewegt von der Erhabenheit der visionären Arbeit.

Hildegard genießt die Arbeit mit ihm und die vielen Gespräche, in denen sie die Visionen erörtern. Dieses Mal beschränken sie sich nicht in der passiven Rolle, ganz bewusst werden Sätze durchgestrichen und neue Formulierungen darübergesetzt. Inzwischen wird nicht mehr nur an Worten gefeilt, sondern an ganzen Formulierungen.

1173 nähert sich die gemeinsame Arbeit dem Abschluss, da trifft Hildegard ein schwerer Schicksalsschlag: Nach zweiunddreißig Jahren enger Zusammenarbeit wird ihr Volmar, treuer Sekretär und Begleiter, durch den Tod entrissen.

Der Verlust des geliebten Freundes und Mitwissers, der ihr bei der Niederschrift aller Werke beiseitegestanden hat, trifft Hildegard hart. Die Trauer durchbohrt ihren Körper und ihre Seele; ohne ihn fühlt sie sich wie eine Waise.

Nein, es kann einfach nicht sein, dass er früher geht! Es war doch immer seine Sorge, dass *sie* ihn verlässt, dass seine Trauer und sein Elend groß wären, wenn die ehrwürdige Herrin, liebreiche Mutter, heilige Meisterin nach Gottes Willen aus diesem Leben abberufen wird. Und nun ist *er* gegangen und hinterlässt diesen furchbaren Schmerz.

Hildegard ist fassungslos, unter Tränen ruft sie aus: »O mein Gott, Du hast mit Deinem Diener, den Du mir als Helfer bei diesen Gesichten gabst, getan, wie es Dir gefiel. Jetzt hilf mir, wie es Dir ziemt!«

Die Hilfe folgt in Form des besorgten Abtes Ludwig von St. Eucharius in Trier, der den Fall der besessenen Sigewize mit großer Aufmerksamkeit verfolgt hat und nun wegen der Übernahme einer weiteren Klosterleitung mit Hildegard in engem brieflichen Kontakt steht. Er, der für seine exzellente Ausdrucksweise bekannt ist, möchte ihr bei der Vollendung der Niederschrift beiseitestehen, persönlich wie auch mit begabten Schreibern seines Klosters.

Unfähig, das Werk alleine zu beenden, nimmt Hildegard die Hilfe des befreundeten Abts dankend an.

»Gott und auch dir, milder Vater, sage ich Dank, dass du dich gewürdigt hast, mit meiner Schwachheit und meinem Schmerz – bin ich doch ein so armseliges Wesen – Mitleid zu haben. Denn ich arbeite jetzt allein, wie ein Waisenkind, am ›Werke Gottes‹, da mein Helfer, wie Gott es gefiel, mir genommen ist.«

Auch der Kölner Probst Wezelin von St. Andreas hilft bei den Schreibarbeiten.

Neben der aktiven Hilfe geben sie Hildegard den emotionalen Halt, den sie so bitter benötigt. Abt Ludwig verehrt Hildegard zutiefst, immer wieder suchte er ihren Rat und rühmte ihre Warmherzigkeit und ihren Geist: »… die du von Gott mit dem erhabenen Vorzug der Jungfräulichkeit und zugleich mit solch überragender Genialität ausgestattet bist, dass du nicht nur die Verstandesschärfe der Philosophen und Diskussionsgewandten übertriffst, sondern auch die Geistesgipfel der alten Propheten.«

Nun aber kann er all das zurückgeben, was er bislang von ihr erhielt. Und mit der gemeinschaftlichen Hilfe kann die Arbeit am Buch vom Wirken Gottes im Jahre 1174 abgeschlossen werden.

Als Dank geht die erste fertige Abschrift an das Kloster St. Eucharius, mit einem Nachtrag zu Ehren der helfenden Hände.

Der Tod Volmars macht auch die Suche nach einem neuen Probst notwendig, der den Nonnen zur geistigen Unterweisung beiseitestehen soll. Laut der Urkunde von 1158 dürfen die Nonnen hierfür einen Mönch aus dem Disibodenberger Kloster auswählen.

Hildegard teilt Abt Helinger ihre Wahl mit, doch unerwartet weigert er sich, ihrer Bitte nachzukommen. Auch die Erinnerung an die schriftlich fixierte Verpflichtung erweichen Abt Helinger nicht, und so wendet sich Hildegard, müde all dieser unseligen Streitereien, direkt an Papst Alexander III, den sie hiermit auch ausdrücklich als einzigen Papst anerkennt.

»O Höchster, Glorreicher, an die erste Stelle gesetzt durch das Wort Gottes …! Dir insbesondere hat das mit der Menschheit bekleidete Wort (Gottes) die Schlüssel des Himmelreiches, das heißt, die Macht, zu binden und zu lösen, zugewiesen.«

Dann kommt sie auf den Grund ihres Schreibens: »Würdige dich, auf die Dürftigkeit unserer armseligen Gestalt zu schauen. Denn wir sind jetzt in großer Trauer, weil der Abt vom Disibodenberg und seine Brüder, den Privilegien zuwider, gegen unsere Wahl, die uns immer zustand, Einspruch erheben. In Bezug auf dieses Recht müssen wir aber stets sorgsam auf der Hut sein, dass es uns nicht irgendwie genommen wird. Denn wenn man uns die gottesfürchtigen und frommen Männer, wie wir sie fordern, nicht zugesteht, wird das klösterliche Leben unter uns gänzlich zerrüttet.«

Der Papst wendet sich an Probst Wezelin von St. Andreas in Köln, der Hildegard bei der Niederschrift des dritten Visionsbuches geholfen und den sie um die Weiterleitung des Briefes gebeten hatte.

Er soll beide Parteien zu sich berufen und die Gründe für und wider die Wahl des Probstes anhören. Ihm obliegt dann die gerechte Entscheidung. Sollte es jedoch keine Einigung geben, so soll er dafür sorgen, dass ein geeigneter Probst eines anderen Klosters zur Verfügung steht.

Unter der Vermittlung von Wezelin kommt der Mönch Gottfried zum Rupertsberg und wird gleich Volmar Probst und Sekretär.

Sobald er seine Arbeit aufnimmt, beginnt er mit der Aufzeichnung von Hildegards Vita. Da er selbst keinerlei Kenntnisse von ihrem Leben hat, hält er sich an Hildegards eigene Notizen und führt Gespräche mit der Äbtissin. Diejenigen Stellen aber, die den Konflikt mit dem Disibodenberg betreffen, lässt er bei seiner Niederschrift aus. Zu sehr ist er mit seinem Heimatkloster verbunden, bei aller Ehrerbietung für Hildegard.

Für Hildegard scheint die Angelegenheit gütlich geregelt. Sie ahnt nicht, dass Gottfrieds Zeit im Rupertsberg nicht lange währen wird.

17. Kapitel

Wibert von Gembloux

Zu dieser Zeit verfolgt ein äußerst eigenwilliger Mönch Hildegards Lebenswerk mit stetig wachsender Begeisterung: Wibert, wortgewandter und vorbildlich lebender Mönch der angesehenen Benediktinerabtei Gembloux.

Hildegards Ruhm ist bis in die Niederlande gedrungen und erfüllt die Geistlichen von Lüttich und Utrecht mit einer Welle der Bewunderung.

Auch Wibert, ein feuriger Wallone Anfang fünfzig, wird von dieser Bewegung erfasst. In der Klosterschule hatte er eine wissenschaftliche Ausbildung erlangt und umfassende Kenntnisse der theologischen Schriften sowie der lateinischen Sprache erworben. Nun aber widmet er sich dem Studium der Schriften Hildegards, und ihn überkommt eine tiefe Ehrfurcht.

Im Sommer 1175 erreicht Schwester Ida, eine Nonne, den Rupertsberg. Sie überbringt einen Brief von Wibert.

»Wenn wir alle, denen deine Schriften in die Hände kamen, die ungewöhnlichen, fast alle Jahrhunderte hindurch bis auf den heutigen Tag unerhörten Gaben ins Auge fassen, so sagen wir, ehrwürdige Mutter, dem Urheber der Gabe aus den (empfangenen) Gaben Dank. …

Wahrhaftig, deine Fruchtbarkeit ist für uns besser als Wein und süßer duftend als die kostbarsten Salben. …

Weil ich aber ein klausurierter Mönch bin und keinerlei Gelegenheit oder Erlaubnis sich bietet, zu dir zu reisen, um mit dir persönlich über das zu sprechen, was ich brennend gern von dir selbst erfahren möchte, so bitte ich dich, du wolltest dem, was ich durch die Überbringerin dieses Briefes vertraulich mitteile, deine ganze Aufmerksamkeit schenken.«

Dann erkundigt Wibert sich über den genauen Vorgang des Schauens, ob sie sich später an die Worte der Visionen noch erinnern kann, ob sie diese in lateinischer oder deutscher Sprache diktiert und ob sie das Wissen aus der Heiligen Schrift erhält oder durch göttliche Führung.

»Da ich also, meine Herrin, dein, wie ich glaube, vom göttlichen Licht widerstrahlendes Antlitz nicht persönlich schauen kann, so lass mich wenigstens durch ein Schreiben deine Stimme hören.«

Hildegard hat keine Zeit für eine schnelle Antwort. Sie muss die Nonne mit leeren Händen nach Gembloux zurückschicken.

Aber Wibert gibt nicht auf. Er erneuert seine Fragen in einem weiteren Brief, den er durch den Ritter Siger von Wavra überstellen lässt, der gerade auf dem Weg zum Rupertsberg ist.

Dieses Mal nimmt sich Hildegard Zeit und beantwortet seine Fragen ausführlich. Gerade arbeitet sie mit dem neuen Probst Gottfried an ihrer Vita, und so bettet sie den Brief in eine kurze Lebensbeschreibung ein und legt eine Beschreibung des Zustandes beim Erhalt der Visionen bei: »Ich sehe aber diese Dinge nicht mit den äußeren Augen und höre sie nicht mit den äußeren Ohren, auch nehme ich sie nicht mit den Gedanken meines Herzens wahr noch durch irgendeine Vermittlung meiner fünf Sinne. Ich sehe sie vielmehr einzig in meiner Seele, mit offenen leiblichen Augen, so dass ich dabei niemals die Bewusstlosigkeit einer Ekstase erleide, sondern wachend schaue ich dies, bei Tag und Nacht.

Das Licht, das ich schaue, ist nicht an den Raum gebunden. Es ist viel, viel lichter als eine Wolke, die die

Sonne in sich trägt. Weder Höhe noch Länge noch Breite vermag ich an ihm zu erkennen. Es wird mir als der ›Schatten des lebendigen Lichtes‹ bezeichnet. Und wie die Sonne, Mond und Sterne in Wassern sich spiegeln, so leuchten mir Schriften, Reden, Kräfte und gewisse Werke der Menschen in ihm auf. ...

Alles, was ich in der Schau sehe und lerne, das behalte ich lange Zeit in meinem Gedächtnis, weil, sobald ich es sehe oder höre, es in mein Gedächtnis eingeht. Ich sehe, höre und weiß gleichzeitig, und wie in einem Augenblick erlerne ich das, was ich weiß.«

Wibert hat viele persönliche Fragen, anders als all die Briefeschreiber zuvor. Doch Hildegard kennt ihn nicht persönlich. Wie kann sie von all dem Wissen schreiben, das sie sich in den Jahren angeeignet hat und das in den vielen Gesprächen und im gedanklichen Austausch mit Geistlichen und weltlichen Würdenträgern nahezu täglich wächst? Nein, warum sollte sie einem Fremden etwas anderes schreiben als das, was sie seit Jahrzehnten immer wieder bekräftigt?

»Was ich aber nicht sehe, das weiß ich nicht, denn ich bin ungelehrt und wurde nur unterwiesen, in Einfalt Buchstaben zu lesen. Und was ich schreibe, das schaue und höre ich in der Vision und setze keine anderen Worte als die, die ich höre und in ungefeilten lateinischen Worten, so wie ich sie in der Vision höre, kundtue. Denn ich werde in der Schau nicht gelehrt, wie die Philosophen zu schreiben.«

Ritter Siger von Wavra kehrt mit dem Brief in den Händen zurück und lässt Wibert gleich am frühen Morgen nach seiner Heimkehr zu sich rufen. Doch als Wibert eintrifft, ist der Ritter nicht da. Dessen Frau Elisabeth überreicht ihm voller Ehrfurcht den lang ersehnten Brief. Wibert muss sich erst einmal sammeln, bevor er ihn öffnen kann. Tief bewegt sucht er die nächstgelegene Kirche auf, legt den Brief auf den Altar und bittet den Heiligen Geist um eine würdige Herzensverfasung. Erst dann kann er den Brief lesen, schweigend und immer wieder aufs Neue und mit immer größerer Bewunderung.

Erfüllt von den Worten kehrt er in das Haus des Ritters zurück.

Siger ist neugierig geworden: »Ich bitte dich, erkläre ihn mir in französischer Sprache, damit ich nicht dem Maultier gleiche, das den Wein zwar trägt, ihn aber nicht zu schmecken bekommt.«

Der Wunsch wird ihm am folgenden Tag erfüllt. Wibert liest die Zeilen der Prophetin laut auf französisch vor, während Geistliche und Laien, die sich um ihn versammelt haben, schweigend lauschen. Auch der ehemalige Abt Rupert von Königstal ist zugegen. Kaum hat Wibert die Lesung beendet, ruft Rupert begeistert aus: »Die scharfsinnigsten Meister Frankreichs bringen so etwas nicht zustanden ... Sie machen mit trockenem Herzen und aufgeblasenen Backen großes Geschrei, verlieren sich in Untersuchungen und Streitfragen ... Aber diese gottselige Frau ... betont nur das eine Notwendige, nämlich die Ehre des dreifaltigen Gottes. Sie schöpft aus ihrer inneren Fülle und gießt sie aus, um den Durst der Dürstenden zu stillen.«

Hildegards Schreiben hat Wibert tief beeindruckt. Er möchte die Prophetin persönlich kennenlernen. Nur wenige Wochen später ergibt sich eine günstige Gelegenheit. Ein Kanoniker von St. Lambert in Lüttich unternimmt eine Reise nach Bingen. Wibert erhält die Erlaubnis, ihn zu begleiten.

Vier Tage sind sie zu Gast im Kloster Rupertsberg, und Wibert findet endlich Zeit zu vertrauten Gesprächen mit der ehrwürdigen Meisterin. Sie unterhalten sich auf Latein, denn Wibert ist der deutschen Sprache nicht mächtig.

In den Stunden zwischen den Gesprächen besichtigt er die Klosteranlage, die erst vor wenigen Jahren fertiggestellt worden ist. Die praktischen Vorzüge des Klosters beeindrucken ihn sehr. Begeistert kehrt er in die Niederlande zurück und berichtet einem befreundeten Mönch von dem Besuch: »Innerhalb kurzer Zeit, seit siebenundzwanzig Jahren, hat es sich sowohl dem monastischen Geist als auch dem äußeren Aufbau nach hoch entwickelt, so dass es durch nicht prunkvolle, wohl aber stattliche und geräumige Gebäude – wie sie sich für Nonnen eignen – und dadurch, dass man in sämtliche Arbeitsräume eine Wasserleitung gelegt hat, in allem wohlbestellt ist. Nicht nur für die vielen Gäste, die dem Hause Gottes niemals fehlen, und die verschiedenen Angestellten, deren es eine ganze Anzahl gibt, sondern auch für die rund fünfzig Schwestern sind alle Ausgaben für Kleidung und Nahrung zur Genüge gedeckt.«

Es ist das Jahr 1176, als der neue Probst Gottfried stirbt, nur zwei Jahre nach seinem Amtsantritt.

Auch dieses Mal verweigert Abt Helinger die Aussendung eines Mönches vom Disibodenberg – allerdings nicht nur aus Eigennutz. Die Zahl der Mönche ist in den vergangenen Jahren kontinuierlich gesunken. Dem Kloster obliegt auch die Pflicht der Seelsorge im gesamten Pfarrbezirk, schon mehrfach hat das Kloster Priester in die Pfarreien der umliegenden Dörfer entsenden müssen. Nun leben nur noch wenige fähige Mönche auf dem Disibodenberg, und der Abt kann keinen von ihnen entbehren. Hildegard bleibt keine andere Wahl, als den Entschluss zu akzeptieren, für einen weiteren Kampf fehlt es ihr an Kraft. Nun muss eben ein geeigneter Probst aus einem anderen Kloster gesucht werden.

Inzwischen lebt Ritter Siger von Wavra als Mönch im Zisterzienserkloster Villers in Brabant. Wibert aus dem Kloster Gembloux ist zu Besuch und erfährt dort die Neuigkeit vom Tod des Ruppertsberger Probstes.

Wibert drängt seinen Abt Johannes, der in der Fastenzeit eine Wallfahrt nach St. Quirin in Neuss unternehmen möchte, ihn als Reisebegleiter mitzunehmen. Was liegt näher, als auf dem Weg einen Besuch im Kloster Rupertsberg einzuplanen?

Im Gepäck hat er einen Katalog von achtunddreißig theologischen Fragen der Villerenser Mönche, die er Hildegard zur Beantwortung vorlegen soll. Sah Moses wirklich einen Busch, der brannte, ohne zu verbrennen? Und ist das Feuer der Hölle leibhaftig, und würde es dann nicht zu einem der vier Elemente gehören? Oder ist es doch unkörperlich und ohne Materie?

Als sie jedoch Köln erreichen, entscheidet sich der Abt gegen eine Station in Bingen.

Wibert ist enttäuscht, er wollte doch bei Hildegard sein, ihr nach Gottfrieds Tod zur Seite stehen, sich mit ihr austauschen. Der Abt lässt ihn aber nicht gehen. Doch was ist mit den Fragen, die er überbringen soll? Sie sind allesamt wichtig für das befreundete Villerenser Kloster.

Der Abt bleibt hart. Ein Freund muss den Fragenkatalog zum Rupertsberg bringen, zusammen mit einem persönlichen Brief des verzweifelten Mönches.

Als Wibert zurück im Kloster Gembloux vergeblich auf eine Antwort von Hildegard wartet, schreibt er erneut an die Prophetin und erkundigt sich nach der Bearbeitung des Fragenkatalogs.

Manch anderer hätte dem ungeduldigen Mönch sicher die Leviten gelesen, aber Hildegard bleibt gelassen. Sie arbeite noch an der Beantwortung der Fragen, schreibt sie ihm, aber sie sei krank und zudem noch in Trauer. Seit Gottfried verstarb, fehle ihr der Probst und Sekretär. Wibert aber empfiehlt sie mehr Demut, Einfalt des Herzens und Tapferkeit.

Hildegard kann all die anstehenden Arbeiten nicht mehr alleine bewältigen. Die Nonnen in der Schreibstube sind mit der allgemeinen Korrespondenz und der Abschrift ihrer Werke vollauf beschäftigt, noch immer fehlt ein in der lateinischen Sprache bewanderter Sekretär und ein Seelsorger für die geistige Unterweisung.

Hildegard ruft ihren Bruder Hugo zur Hilfe, der inzwischen Domkantor und damit Leiter der Domschule in Mainz ist. Eine verzweifelte Übergangslösung, denn Hugo ist ein betagter Mann und um Jahre älter als Hildegard. Aber er kommt ihrem Aufruf nach, kümmert sich um die weltlichen Belange und die Vertretung des Klosters nach außen. Mit ihm kommt ein Kanonikus von St. Stephan in Mainz, der das Amt des Seelsorgers übernimmt.

Dem Kloster Villers aber schickt sie eine Abschrift des »Liber vitae meritorum«, das mit Begeisterung aufgenommen und bei Tisch gelesen wird.

Ende Oktober des Jahres 1176 überbringt eine Nonne einen Brief von Wibert von Gembloux, der dieses Mal an die Rupertsberger Nonnen gerichtet ist. Einem Gerücht zufolge sei Hildegard verstorben. Besorgt erkundigt er sich nach dem Todestag, wer die Beisetzung vorgenommen habe und wie es denn nun mit der Beantwortung der achtunddreißig Fragen stehe. Dann berichtet er, dass die Mönche des Zisterzienserklosters Villers das zweite Visionsbuch als Beitrag vor dem Komplet lesen. Aber umso sehnsüchtiger erwarte man die Klärung der noch offenen Fragen.

Hildegard lebt, aber sie ist noch immer krank. Sie vermag Wibert nicht schriftlich zu antworten, also gibt sie der Nonne die Botschaft mit, dass sie die schwere Krankheit überstanden habe, sich aber nur langsam davon erhole.

Es vergehen nur wenige Wochen, als erneut ein Brief von Wibert eintrifft. Ob denn Hildegard ihm nicht die Beantwortung der theologischen Fragen zuschicken könne?

Noch nie zuvor hatte jemand die Äbtissin vom Rupertsberg derart gedrängt. Hildegard ist inzwischen neunundsiebzig Jahre alt, das Leben geht einen Takt langsamer. Es war doch deutlich, wie krank sie immer wieder war, wie sollte sie so schnell die umfangreichen und überaus spitzfindigen Fragen bearbeiten? Hatte Wibert bei seinem Besuch denn nicht gesehen, wie viel Arbeit täglich auf sie wartet? Noch immer fährt Hildegard zweimal in der Woche ins Schwesterkloster nach Eibingen, dazu die vielen Gäste, die den Rupertsberg besuchen und um ein persönliches Gespräch bitten. Ganz abgesehen von all den dringenden Briefen, für deren Antwort sie sich versenken muss!

Hildegard aber bleibt geduldig und antwortet dem ungestümen Mönch ruhig und besonnen. Sie verweist auf die Dinge, die ihrem Glaubensverständnis näher stehen, und erklärt im Namen des lebendigen Lichts die Kraft des Feuers zunächst einmal aus anderer Sicht: »Die Liebe ist ein nie verlöschendes Feuer. Aus ihm haben die Funken des wahren Glaubens ihr Feuer, die in den Herzen der Gläubigen brennen.« Nein, für sie ist das Höllenfeuer nicht materiell, es ist ebenso wenig sichtbar wie das Feuer der Liebe, aber man kann es spüren. Das ist revolutionär und widerspricht den Lehren des Kirchenvaters Augustinus und dem allgemeinen Glauben der Zeit. Zunächst jedoch bleibt den Mönchen in Villers eine konkrete Antwort zur 33. Frage verschlossen.

»Ich armselige und ungelehrte Frau, die ich der Leitung eurer tiefgründigen Weisheit unterworfen bin, habe zur Erfüllung der gläubigen Bitte eurer Liebe zum wahren Licht aufgeschaut. Und soviel ich mit der Gnade Gottes vermochte, habe ich an den Lösungen eurer ›Fragen‹ gearbeitet. Obgleich beschäftigt mit einer Schrift, die ich begonnen, aber noch nicht vollendet habe, und trotz einer schweren Krankheit, durch die ich nach Gottes Willen lange aufgehalten wurde, habe ich doch von diesen ›Fragen‹ vierzehn Lösungen fertig geschrieben. Und so gut ich mit Gottes Hilfe kann, werde ich gern an den übrigen weiterarbeiten.«

Aber Wibert versteht nicht, was Hildegard ihm zwischen den Zeilen mitteilen will: Sie kann nicht schneller, und es liegt nicht in ihrer Hand, wie lange es noch dauert, bis alle Fragen beantwortet sind. Nein, er will es nicht verstehen. Hildegard ist schon alt und immer häufiger krank, sie könnte jederzeit sterben. Die theologischen Fragen sind haarspalterisch, aber überaus wichtig für die Nachwelt. Wer sollte sie beantworten, wenn sie nicht mehr ist?

Wibert antwortet sofort, bedankt sich überschwänglich, bedrängt sie aber am Ende des Briefes erneut mit den Fragen.

Hildegard antwortet nicht darauf – was soll sie noch sagen?

Sie hat aber nicht mit der Hartnäckigkeit des Wallonen gerechnet. Eines Tages, im Juni 1177, steht Wilbert höchstpersönlich im Kloster Rupertsberg – mit Erlaubnis seines Abtes, dem er mehrfach von einer persönlichen Einladung der Prophetin erzählte. Was eher seinem Wunschdenken entsprang als der Realität.

Hier trifft er auch auf Hildegards Bruder Hugo und den Kanonikus von St. Stephan in Mainz. Hatte Wibert insgeheim gehofft, Hildegard in ihrer Not als Sekretär und Probst beiseitestehen und damit im Kloster Rupertsberg verbleiben zu können? So ist nun aber alles geregelt und sein Aufenthalt nur von begrenzter Natur.

Wibert aber genießt die Zeit, freut sich an der Gastfreundschaft und an den Gesprächen mit Hildegard.

»Und nun weile ich bei ihr in der schönen Atmosphäre des Friedens und aller Freude und Wonne«, schreibt er seinem Freund Bovo. »Durch ihre Ratschläge werde ich geleitet, durch ihre Gebete gestärkt, ihre Verdienste gestützt, ihr Wohlwollen getragen und täglich erquickt durch ihre Gedanken.«

Wibert fühlt sich wohl in dem Kloster, es ist genau das, was er ersehnt hat. Kurz bevor Wibert keinen Grund mehr findet, seinen Besuch zu verlängern, sterben direkt hintereinander Hildegards Bruder Hugo und der Mainzer Kanoniker von St. Stephan. Ist es nur ein Zufall? Göttliches Geheiß?

Wibert jedenfalls sieht es als einen Fingerzeig Gottes. Auch Hildegard erscheint seine Anwesenheit inmitten dieser traurigen, turbulenten Zeit als glückliche Fügung. Der Mönch ist gebildet und versteht es, mit Worten umzugehen. Und er ist ein Kenner ihrer Werke. Endlich hätte die ewige Suche nach einem Probst und Sekretär ein Ende, auch wenn er den getreuen Volmar niemals ersetzen kann.

Wibert ist überglücklich und berichtet seinem Freund: »Was meine Bleibe angeht, so würde sie selbst zur Zeit nichts lieber sehen, als dass ich im Haus Gottes, das sie leitet, Wohnung nehme, um alle Tage meines Lebens hier zu verweilen. Ich soll nämlich sie und ihre Töchter geistlich betreuen und die Sorge um ihre hochwertigen Bücher übernehmen, die sie geschrieben hat.«

Er erbittet von Hildegard Bedenkzeit, da er von seinem Abt noch nicht frei gestellt ist und seine Brüder in Gembloux ihn sicher nur schwer entbehren können. Doch sein Zögern kommt nicht von innen. Dieses Kloster ist einfach wundervoll, es gibt keinen Ort, an dem er sich wohler fühlen könnte.

»Ein wunderbarer Wettstreit der Tugenden wird hier sichtbar. Die Mutter empfängt ihre Töchter mit solcher Liebe, und die Töchter unterwerfen sich der Mutter mit solcher Ehrfurcht, dass man kaum unterscheiden kann, ob in diesem Eifer die Mutter die Töchter oder die Töchter die Mutter übertreffen.«

An Festtagen, so berichtet er, enthalten sich die Nonnen der Arbeit, »sitzen in geziemender Haltung unter Stillschweigen im Klaustrum, widmen sich mit Eifer der Lesung und dem Erlernen des Gesanges«. An Werktagen dagegen wird gearbeitet, ist man mit dem Abschreiben von Büchern oder verschiedenen Handarbeiten beschäftigt.

»Diejenige aber, die die Mutter und Führerin einer so großen Heerschar ist, verschwendet sich in Liebe an alle. Die lasterhafte Überheblichkeit, die so häufig aus einer Ehrenstellung entspringt, zertritt sie durch das Gewicht ihrer Demut. Sie gibt die erbetenen Ratschläge, löst schwierige Fragen, die ihr gestellt werden, schreibt Bücher, unterweist ihre Schwestern, richtet Sünder auf, die zu ihr kommen, und ist dadurch voll und ganz in Anspruch genommen.«

Wibert schreibt in einer ungewöhnlichen Ausführlichkeit, und er tut es nicht ohne Grund. Denn der Brief ist nicht nur für Bovo gedacht, sondern auch an alle Hildegard-Verehrer seiner Heimat, denen das Schreiben gewiss vorgelesen wird.

Es ist der September des Jahres 1177. Wibert ist nur wenig länger als drei Monate zu Gast im Kloster Rupertsberg.

Plötzlich steht sein Abt, Johannes von Gembloux, vor ihm, um ihn wieder mit zurück in sein Heimatkloster zu nehmen.

Die Nonnen erstarren. Das kann doch nicht sein! Soll ihnen schon wieder ein Probst genommen werden? Hildegard handelt sofort, wendet sich an Bischof Radulf von Lüttich und an den Erzbischof Philipp von Köln. Mithilfe beider Männer kann der Abt überzeugt werden, Wibert freizugeben.

Hildegard ist erleichtert, es ist besser, mit einem anstrengenden Sekretär zu arbeiten, als gar keinen zu haben. Und dass Wibert anstrengend ist, liegt nicht nur an der einzig möglichen Verständigung in lateinischer Sprache. Er sieht sich als Literat, als Kenner des geschriebenen Wortes und bittet Hildegards, all ihre Schriften noch einmal stilistisch überarbeiten zu dürfen. Widerstrebend gibt die Prophetin mit Einschränkungen ihre Einwilligung, obgleich der selige Volmar niemals derartige Veränderungen gutheißen würde. Dennoch: Die Erlaubnis gilt für alle in Bearbeitung befindlichen Schriften, bereits abgeschlossene Werke sollen unangetastet bleiben.

So macht sich Wibert erneut an die Bearbeitung und Redaktion der Briefesammlung, die unter seiner Aufsicht noch einmal komplett überarbeitet und fertig gestellt wird.

Die achtunddreißig Fragen der aufdringlichen Villerenser Mönche jedoch beantwortet Hildegard nur knapp. Aber sie sollen nie dort ankommen …

18. Kapitel

Das Interdikt

Hatte Hildegard erwartet, eine Reaktion des Kaisers auf ihren mahnenden Brief zu erhalten, so muss sie nun feststellen, dass nichts dergleichen geschah. Weder hatte er ihr erbost seinen kaiserlichen Schutz entzogen, noch war er von seinem Gegenpapst abgerückt. Aber seit dem Tod seines radikalen Italienkanzlers Rainald von Dassel infolge der Malariaepidemie vor Rom war Friedrich Barbarossa kompromissbereiter.

Im Jahre 1174 war Barbarossa abermals nach Italien gezogen. Streitigkeiten innerhalb des lombardischen Städtebundes waren Anlass zu einem weiteren Versuch, die Herrschaft über die Lombardei erneut an sich zu reißen.

Immer an seiner Seite ist Christian von Buch, der Erzkanzler, hervorragender Feldherr, ausgezeichneter Diplomat und zudem seit einigen Jahren neuer Erzbischof von Mainz, unter dessen Einflussbereich auch das Rupertsberger Kloster steht.

Barbarossas Heer ist klein, der Verlust des letzten Italienzugs hatte große Lücken in den Reihen der weltlichen Fürsten gelassen. Es gab wenige, die sich für weitere Kämpfe begeistern konnten, selbst die kaiserfeindlichen Lombarden sind des ständigen Kampfes müde.

So stimmen beide Parteien 1175 einem Waffenstillstand zu, unter der Bedingung, dass sich die lombardischen Städte von Papst Alexander III. trennen. Kaiser Barbarossa entlässt in Erwartung eines Friedens den Großteil seines Heeres.

Der zerstrittene lombardische Bund jedoch ist sich nicht einig, plötzlich gelten die Bedingungen als unannehmbar. Barbarossa, dessen Heer sich bereits auf dem Heimweg befindet, ist in einer hochpeinlichen Situation. Nur sein reichster Fürst, Heinrich der Löwe, Herzog von Sachsen und Bayern, kann ihm jetzt noch mit seinem Gefolge helfen.

Aber Heinrich der Löwe will nur mit einer über die üblichen Privilegien hinausgehenden Gegenleistung in den Kampf und fordert die Reichsstadt Goslar samt ihrer reichen Silbergruben als Dank für die Unterstützung. Barbarossa lehnt entschieden und äußerst verstimmt ab. Heinrich der Löwe hat auch eine moralische Verpflichtung, eine Hilfeleistung sollte selbstverständlich sein! Schließlich hatte Barbarossa ihm zum Reichtum verholfen, indem er Heinrich am Anfang seiner Regierung strittige Besitztümer zuerkannte. Und auch in der Frage der Besetzung von Erzbistümern hatte der Kaiser immer zu Heinrichs Vorteil eingegriffen!

Dem Kaiser bleibt nichts anderes übrig, als mit einer kleinen Ritterschaft gen Mailand zu ziehen. Bereits vor der Stadt werden sie von Mailänder Rittern vernichtend geschlagen. Die Kommune siegt über den Staat!

Barbarossa lenkt ein. Der andauernde Kampf um die Vorherrschaft in Italien hat an seiner Macht zweifeln lassen. Die Lombardei ist vorerst verloren. Nun muss sich der Kaiser seiner restlichen Herrschaft in Italien versichern. Und das geht nicht ohne Zugeständnisse.

Es ist der 24. Juli 1177, als der Kaiser den Friedensvertrag von Venedig unterzeichnet. Sein Kanzler und Mainzer Erzbischof Christian von Buch, auf dem Höhepunkt seiner kirchlich-politischen Tätigkeit, hatte mit hoher Diplomatie an der Aussöhnung der verfeindeten Seiten maßgeblich mitgewirkt.

Das Übereinkommen erfolgt mit aufwendigem Zeremoniell. An diesem Tag erkennt Kaiser Friedrich Barbarossa Papst Alexander III. mit großer Geste an. Das achtzehn Jahre dauernde Schisma ist beendet.

Mit Beendigung des Schismas hat endlich auch das Versteckspiel ein Ende. Die deutschen Bischöfe, die Papst Alexander als rechtmäßig anerkannten, müssen nicht länger um ihre Bistümer fürchten. Der Streit und die Zerrissenheit der Geistlichen sind vorbei, die kirchliche Führung atmet erleichtert auf. Auch Hildegard. Noch ahnt sie nicht, dass der verlängerte Arm des Kaisers sie noch einmal erreichen und ihren Lebensabend fast zerstören wird.

Es ist das Jahr 1178. Hildegard ist achtzig Jahre alt. Der Herbst hat die Blätter längst von den Bäumen gerissen. Nun umfängt der Winter das Land mit eisigen Klauen und lässt die Nonnen enger zusammenrücken.

Das Leben im Kloster nimmt seinen alltäglichen Lauf. Aber die Kunde vom Ende des Schismas hat die Schwestern freudig gestimmt. Es ist eine schöne Zeit, und Hildegard kann stolz auf ihr Leben zurückblicken.

Seit ihrem ersten öffentlichen Auftreten hat sie vier Päpste miterlebt – die kaiserlichen Gegenpäpste nicht mitgezählt – und vier Mainzer Erzbischöfe. Ihr gesamtes Werk umfasst drei Visionsschriften, eine naturheilkundliche Schrift, siebenundsiebzig Gesänge und ein Singspiel. Dazu noch Heiligenviten und verschiedene theologische Schriften. Das Epistolarium, die Briefesammlung, ist fertig, an ihrer eigenen Vita wird noch gearbeitet. Sie hat gemahnt und gepredigt, zugehört und aufgebaut, war Prophetin und geistige Mutter. Aus dem Nichts hat sie ein Kloster erbaut und ein zweites aus Trümmern dazu.

Kloster Rupertsberg ist ihr ganzer Stolz, es verfügt

inzwischen über einen ausgedehnten Grundbesitz. Dazu gehören Eigengüter aus zweiundzwanzig Ortschaften, die im Eigenbau oder durch Pächter bewirtschaftet werden. Von weiteren zwölf Zinsgütern werden jährlich Grundzinsen und Naturalleistungen zur Versorgung der Nonnen bezogen, dazu aus drei Dörfern den Zehnten an Korn und Wein.

Wie schwierig und karg war das Leben noch zu Beginn! Nur mit der Unterstützung ihrer Familie und der Gönner hatte sich die finanzielle Lage derart wenden können.

Auch dank der Spenden, die Adelige bereits zu Lebzeiten gaben, um sich einen Platz auf dem Rupertsberger Friedhof zu sichern. Denn der Tod kann jede Stunde eintreten, man muss darauf vorbereitet sein und die notwendigen Vorkehrungen treffen. In einer Welt der Sünden ist es wichtig, zu büßen und mit Hilfe von Spenden an Klöster und anderen gottgefälligen Zwecken einen Sündenerlass zu erwirken. Besonderes Augenmerk ist auf eine rechtzeitige Bestimmung der Grablege zu richten, gilt sie doch als Zeichen der christlichen Gesinnung und als Sicherheit, den Weg ins Jenseits zu ebnen.

Unter den Adeligen, die sich einen Platz auf dem Friedhof gesichert hatten, ist auch ein Mann, der sich von der Kirche trennte und exkommuniziert wurde. Doch als sein Tod naht, überkommt ihn Angst. Was erwartet ihn im Jenseits, nun, da er ohne Gottes Schutz ist? Was kommt danach, wenn nicht das ewige Licht? Gibt es etwa doch das Höllenfeuer, das Leib und Seele peinigt?

Noch auf dem Sterbebett söhnt er sich mit Gott aus. Er beichtet, empfängt von seinem Priester die letzte Ölung und die Kommunion und stirbt als rechtmäßiges Mitglied der Kirche.

Unter dem Geleit der Bewohner der Stadt Bingen wird er auf dem Klosterfriedhof in geweihter Erde begraben.

Als die Mainzer Prälaten von diesem Begräbnis erfahren, erhebt sich energischer Protest. Dieser Edelmann sei zu diesem Begräbnis nicht berechtigt, betonen sie. Für sie gilt der Mann noch als exkommuniziert, von einer Rückkehr zur Kirche ist ihnen nichts bekannt.

Die Prälaten fordern Hildegard auf, den Leichnam des Mannes unverzüglich vom Friedhof zu entfernen, sonst droht ein Interdikt!

Ein Interdikt ist die höchste Strafe, die über ein Kloster verhängt werden konnte. Es bedeutet das Verbot jeder gottesdienstlichen Handlung. Kein Gesang in der Kirche, kein Empfang der Kommunion, kein Glockengeläut.

Das Urteil der Prälaten stört Hildegards Sinn für Christenrecht empfindlich, und daher kann sie sich dem nicht beugen, auch nicht um ein Interdikt abzuwenden. Der Mann hatte sich mit Gott ausgesöhnt, es ist sein heiliges Recht, kirchlich bestattet worden zu sein. Nein, Hildegard will seine Ruhe nicht stören, sie wird seinen Leichnam nicht herausgeben. Empört geht sie zum Grab, zeichnet mit ihrem Äbtissinnenstab ein Kreuz über die Ruhestätte und verwischt die Grenzen der aufgewühlten Erde. So ist es für jeden, der dem Begräbnis nicht beiwohnte, unkenntlich.

Dann verfasst sie ein Schreiben, um den Mainzer Prälaten den Vorgang zu erklären. Die Situation ist dringlich, und sie fährt persönlich nach Mainz, um das Schreiben zu verlesen – trotz ihres hohen Alters und trotz der Beschwerlichkeit einer solchen Reise.

Der Erzbischof von Mainz, Christian von Buch, ist nicht anwesend, noch immer weilt er in Italien. Nach der Anerkennung durch den Kaiser hat Papst Alexander ein Laterankonzil in Rom einberufen, an dem der Erzbischof teilnehmen möchte. Die Interessen der Erzdiözese überlässt er seinen Vertretern, und so verliest Hildegard ihr

Schreiben vor denjenigen Männern, denen die Sonderstellung des Rupertsberger Klosters bei den Amtsvorgängern und die andauernde Einmischung in kirchenpolitische Belange ein Dorn im Auge sind.

Mit dem Vertrauen, in dieser Situation richtig gehandelt zu haben, erklärt sie den Geistlichen die Sachlage: »Es handelt sich um einen Toten, dessen Überführung und Begräbnis auf unserem Friedhof durch seinen Priester widerspruchslos stattgefunden hat. Als unsere Oberen wenige Tage nach seiner Beisetzung uns befahlen, wurde ich darob von einem nicht geringen Schrecken befallen und habe, wie gewohnt, zum wahren Lichte aufgeschaut und mit wachen Augen in meiner Seele folgendes gesehen:

Würde gemäß ihrer Vorschrift der Leib dieses Toten ausgegraben, so würde durch die Entfernung unserem Orte eine große Gefahr drohen und uns umlagern gleich der schwarzen Wolke, die Sturm und Gewitter anzuzeigen pflegt. Deshalb maßen wir uns nicht an, den Leib des Verstorbenen – da er ja gebeichtet, die Salbung und die Kommunion empfangen hatte und ohne Widerspruch bestattet worden war – herauszuholen.«

Hildegard betont aber auch, dass sie sich zwar der Aufforderung, nicht jedoch dem Urteil der Prälaten widersetzen möchte, auch wenn es ihr schwerfällt.

»Um aber nicht als Ungehorsame zu erscheinen, haben wir bis jetzt gemäß dem Interdikt den Gesang des Gotteslobes eingestellt und uns der Teilnahme am Herrenleib, den wir jeden Monat zu empfangen pflegen, enthalten. Ich selbst und alle meine Schwestern wurden darob von großer Traurigkeit befallen.«

Dann aber erschien ihr in einer Vision eine Stimme, die es nicht guthieß, wegen eines menschlichen Urteils die Gott dienenden Handlungen zu unterlassen. Und darum müsse Hildegard um Befreiung dieser Bindung bitten.

»In der gleichen Vision hörte ich, ich sei schuldig geworden, weil ich mich nicht in aller Demut und Unterwürfigkeit zu meinen geistlichen Oberen begeben habe, um von ihnen persönlich die Erlaubnis zum Kommunizieren zu erbitten. Und dies vor allem deshalb, weil wir uns durch die Aufnahme des Toten in keine Schuld verstrickt hätten.«

Hildegard gibt sich demütig, denn es geht um viel. Aber gleichzeitig betont sie Gottes Wille zu Einigung. Zum Erlass des Interdikts und zur besonnenen Klärung der Sachlage. Sie betont die Wichtigkeit von Musik und Gesängen, als eine Verbindung zu Gott und im Gedenken an die himmlische Seligkeit. Der Teufel persönlich versuche mit Lügen, Bosheit und bösen Einflüsterungen Zwietracht zu säen, auch innerhalb der Kirche, um das Singen des Gotteslobes zu unterdrücken.

»Deshalb müsst ihr und müssen alle geistlichen Oberen mit größter Behutsamkeit vorgehen. Ehe ihr den Mund einer Kirche, das heißt derer, die das Lob Gottes singen, durch Urteilsspruch schließt und ihnen den Vollzug und Empfang der Sakramente untersagt, müsst ihr die Gründe für diese Maßnahme aufs sorgfältigste prüfen und untersuchen. Ihr müsst darauf bedacht sein, euch dabei einzig vom Eifer der Gerechtigkeit Gottes, nicht aber von Entrüstung und ungerechter Geisteserregung oder von Rachsucht lenken zu lassen.«

Es ist eine lange Rede, die Hildegard unter Tränen hält. Nun schweigt sie und erwartet das Urteil der Mainzer Prälaten. Nur Gott allein hat das Recht zu richten, das müssen sie doch einsehen! Und wer mag gegen Gottes Willen verstoßen, der hier ganz ausdrücklich zu hören war?

Hildegard hat sich verschätzt. Die Geistlichen sehen die Sachlage anders. Es gibt keinen Beweis für die Rückkehr des Adeligen zur Kirche, kein offizielles Dokument, was sie von einer gegenteiligen Rechtsposition überzeugen könnte. Die Aussöhnung mit der Kirche hatte nie in offizieller Form stattgefunden, also war sie nicht rechtsgültig. Und so bleiben sie dabei: Entweder der Leichnam wird vom Friedhof entfernt, oder das Interdikt bleibt bestehen. Ungeachtet des Willen Gottes, denn ob alles, was die Prophetin sieht, auch wirklich einer Vision oder ihrem eigenen Willen entspringt, daran haben einige von ihnen ihren Zweifel. Zumal sie sich soeben anmaßte, ihnen die Einflüsterung des Teufels zu unterstellen! Ihnen, hohen kirchlichen Amtspersonen, die ja die eigentliche rechtmäßige Verbindung zwischen Mensch und Gott sind! Institution gegen Charisma. Für die Mainzer Domherren ist es die Institution, die schwerer wiegt. Das bereits seit Jahren belastete Verhältnis ist nun unüberbrückbar gestört.

Fassungslos und mit schwerem Herzen kehrt Hildegard auf den Rupertsberg zurück.

Die Nonnen sind entsetzt. Niedergeschlagen versuchen sie, den Alltag ohne die gewohnten Gesänge zu bewältigen, ohne die Opferfeier und den Kommunionsempfang und ohne den öffentlichen Vollzug des Opus Dei. Sie rezitieren die kanonischen Horen hinter verschlossener Kirchentür, leise, mit gedämpfter Stimme.

Hildegard bricht es das Herz. Sie darf nicht aufgeben. Was, wenn sie schon bald stirbt und niemand da ist, der die einzige Waffe hat, das Interdikt zu durchbrechen: das Wort Gottes?

Sie muss all ihre Kräfte sammeln und für eine Aufhebung kämpfen, auch wenn sie sich längst nach Ruhe sehnt. Und so mobilisiert die greise Äbtissin alles in ihrer Macht Stehende, um Gottes gerechte Ordnung wieder herzustellen.

Erzbischof Philipp von Köln wird von der prekären Lage unterrichtet und eilt Hildegard sofort zur Hilfe. Ein freier Ritter wird als Zeuge gerufen, der mit dem verstorbenen Adeligen befreundet und gemeinsam mit ihm durch den Priester von seinem Bann befreit worden war. Auch der Priester ist zugegen, als sich die Männer mit einem der Mainzer Prälaten treffen, um den Sachverhalt zu klären.

Unter der überwältigenden Beweislage und dem Drängen des Kölner Erzbischofs sieht sich der Mainzer Prälat gezwungen, das Interdikt aufzuheben – allerdings nur vorübergehend. Denn für das Rupertsberger Kloster ist das Erzbistum Mainz zuständig, es hängt alles von der Entscheidung ab, die der Erzbischof Christian von Buch im fernen Italien noch treffen muss.

Hildegard ist erleichtert und zuversichtlich, dass sich der Erzbischof der Meinung seiner vor Ort agierenden Prälaten anschließt. Aber als einer der Geistlichen aus Rom zurückkehrt, bringt er eine andere Nachricht:

Christian von Buch, in Rom weilender Erzbischof von Mainz, besteht darauf, das Interdikt fortzusetzen!

Was hatte ihn dazu bewogen? Hat ihm der Mainzer Prälat den Sachverhalt nicht ausführlich geschildert? Oder war das eine späte Rache für die deutliche Mahnung Hildegards an seinen Kaiser, die der Erzbischof mit Sicherheit als eine Unverfrorenheit betrachtet hatte? Zumindest konnte ihm ihre Position im ewigen Streit um die Vormacht nicht entgangen sein. Hatte sie nicht auch dem Erzbischof von Salzburg, einem erklärten Anhänger Papst Alexanders in Zeiten des Schismas, zur Seite gestanden?

Christian von Buch ist ein Diplomat, er wägt ab, bevor er entscheidet, aber in diesem Fall kam der Entschluss direkt aus dem Herzen.

Hildegard aber sieht nur einen Grund: Es kann nicht anders sein, als dass der Mainzer Erzbischof nicht richtig unterrichtet worden war. Erneut schreibt sie einen Brief, erklärt die Situation und schickt einen Boten nach Rom.

»Milder Vater! Unsere Mainzer Prälaten hatten uns befohlen, wir sollten die Leiche eines jungen Mannes, der vor seinem Tode vom Bann befreit und mit allen Sakramenten des christlichen Glaubens gestärkt ... bei uns begraben worden war, von unserem Friedhof entfernen. Sonst hätten wir uns der Mysterienfeier zu enthalten. Daraufhin habe ich – wie immer – zum wahren Licht aufgeschaut. In ihm hat Gott mir befohlen: Die Leiche dürfe niemals mit meiner willentlichen Zustimmung entfernt werden; denn Er selbst habe diesen Mann aus dem Schoße der Kirche als einen, der für die Herrlichkeit der Erlösten bestimmt sei, aufgenommen. Das Gegenteil würde für uns die Finsternis einer großen Gefahr heraufbeschwören, weil es dem Willen der Wahrheit zuwider sei.«

Und wieder beschwört sie, die Ausweglosigkeit ihrer Situation anzuerkennen, und weist noch einmal auf seine Schutzfunktion als Vogt des Klosters hin: »Hätte die Furcht vor dem allmächtigen Gott nicht daran gehindert, so hätte ich den Oberen demütig gehorcht. Ja, ich hätte allen, die in deinem Namen – der du unser Herr und Schützer bist – die Ausgrabung des Toten befohlen hatten, bereitwillig zugestimmt, um das Recht der Kirche zu wahren, wenn er noch exkommuniziert gewesen wäre.«

Und weiter schreibt sie von ihrem Schreiben an die kirchlichen Würdenträger, das sie persönlich vorlas, und von deren abschlägigem Urteil: »Unter bitteren Tränen bat ich die Anwesenden um Verzeihung und flehte sie klagend und demütig um Erbarmen an. Da aber ihre Augen so verfinstert waren, dass sie auch nicht einen Blick des Erbarmens für mich hatten, ging ich unter vielen Tränen wieder von ihnen weg.«

Dann schildert sie noch einmal, dass der Beweis für die

Richtigkeit ihres Handelns bereits erbracht wurde. Dass der Kölner Erzbischof vorgesprochen hatte, zusammen mit dem vom Bann erlösten Ritter und dem Priester, der ihn und den verstorbenen Adeligen losgesprochen hatte.

»Der Heilige Geist gebe dir ein, dass du von Erbarmen über uns ergriffen werdest und dafür selbst nach Ablauf deines Lebens Barmherzigkeit erlangest.«

Wochen vergehen, der Frühling hält Einzug. Im Klostergarten sprießt zögernd das erste Grün, die Vögel beginnen mit ihrem morgendlichen Konzert. Doch innerhalb der Klostermauern ist die Stimmung gedrückt. Noch immer gibt es keine Antwort, noch immer warten die Nonnen voller Hoffnung auf einen Brief aus Rom.

Endlich erscheint ein Bote. Erzbischof Christians mit Spannung erwarteter Brief beginnt mit höflichen Floskeln. Er kann die Handlungsweise seiner Prälaten verstehen, genauso wie er Hildegards Verbindung zu Gott ehrt. Daher schiebt er die Lösung des Problems weit von sich, kann er ja von Rom aus keiner Beweisführung folgen. Aber er hat einen weiteren Brief an seine Vertreter geschickt, in dem er sie bittet, das Interdikt bei eindeutiger Beweislage aufzuheben.

Mit einem Gruß und der Bitte, ihm zu verzeihen, sollte er ihr durch seine Schuld oder Unwissenheit zur Last gefallen sein, verabschiedet er sich und hinterlässt eine erleichterte Hildegard. Nun, die Beweislage ist eindeutig. Auch wenn sich die verstockten Mainzer Prälaten sträuben sollten, die Angelegenheit wurde bereits mithilfe des Kölner Erzbischofs durch die Aussagen des Ritters und des Priesters bezeugt.

Und so wird endlich, nach Monaten der Trauer und Unsicherheit, das Interdikt aufgehoben.

19. Kapitel

Tod einer Heiligen

Das Glockengeläut der Rupertsberger Klosterkirche klingt wieder laut über die Anlage, bei günstigem Wind bis hin nach Bingen. Als hätte es das Interdikt niemals gegeben, erfüllen die Gesänge und Lobpreisungen der Nonnen den großen Raum der Kirche und durchdringen die Herzen der Zuhörer.

Es ist September, die Tage werden kürzer, und die Sonne verliert an Kraft.

»Der neunte Monat ist die Zeit der Reife«, notierte Hildegard in ihrem dritten Visionsbuch, »und zeigt sich nicht mehr schrecklich durch Unwetter.«

Alles ist gesagt worden, aller Kampf ist vorüber.

Hildegard, zehntes Kind der Adeligen Hildebert und Mechthild von Bermersheim, einst unsicher und scheu, wegen ihrer Besonderheit ausgegrenzt, ist eine der bedeutendsten Prophetinnen dieser Zeit geworden. Losgelöst von ihrer Meisterin Jutta hat sie als Magistra ihren eigenen Weg eingeschlagen und durch ihre himmlische Berufung zu Mut, Stärke und Charisma gefunden.

Immer wieder hat es Menschen gegeben, die ihr Steine in den Weg legen wollten: Abt Kuno von Disibodenberg, die streng tadelnde Tenxwind von Andernach, die Mainzer Prälaten, weltliche und kirchliche Würdenträger.

Aber wie viel mehr wurde sie geliebt und geachtet! Allen voran von Volmar, der bis fast zuletzt ihr treuer Begleiter war. Von Richardis von Stade, Hildegards geliebter Nonne, die ihr durch Ämterschacherei entrissen wurde.

Menschen aus allen Schichten des Volkes verehren sie als Sprachrohr Gottes: Bürger und Adelige, Mönche, Nonnen und Bischöfe, Kaiser und Päpste. Ihre Visionsschriften sind wegweisend in dieser Zeit, ihr Wirken umfasst nahezu ein halbes Jahrhundert.

Hildegard ist mit ihren Kräften an die äußerste Grenze gegangen und ergibt sich nun den Schwächen des Alters. Täglich sehnt sie sich nach dem Lebensende und dem Übergang zu Gott.

Als nun noch eine Krankheit dazukommt, ahnt Hildegard, dass ihre Zeit gekommen ist. In einer Schau wird ihre Ahnung bestätigt. Den Nonnen erzählt sie, dass sie diese Krankheit nicht mehr überleben wird. Dann lässt sie sich zur letzten Ruhe betten.

Das Sterben in dieser Zeit ist ein wohlüberlegter Vorgang. Wer fühlt, dass der Tod nahe ist, bereitet sich auf das neue Leben in der jenseitigen Welt vor. Man entledigt sich aller weltlicher Dinge, verschenkt oder spendet seinen Besitz und bestimmt den Nachfolger. Fromme Stiftungen an Klöster sichern Gebete für das Seelenheil, das auch nach dem Tod verbessert werden kann. So werden in Klöstern Messen für das Wohl der verstorbenen Getreuen abgehalten, und auch die Verwandten gedenken der Toten im täglichen Gebet. Der Tod ist nur ein Übergang, die vorläufige Trennung derer, die im Leben zueinander gehörten und die nun darauf hoffen, am Ende aller Zeiten wieder vereint zu sein.

Die Bestattung wird besprochen, der Ort der Grablegung benannt. Wie soll der Leichnam zu Grabe getragen werden? Mit edlen Stoffen verhüllt oder mit frei sichtbarem Antlitz?

Dann wendet sich der Sterbende dem Geistigen zu. Der Zutritt zu einem geistlichen Orden – auch am Ende des Lebens – gilt als Nutzen für das Seelenheil, und so treten vor allem Adelige kurz vor ihrem Tod einem Orden bei.

Es folgt die Beichte und die Absolution. In besonderer Sterbekleidung wird der Sterbende auf dem Boden gebettet, um ihn nahe der Erde zu legen, aus der er gekommen ist und zu der er wieder geht.

Brennende Kerzen umgeben das Lager, dem Todkranken werden die Hände gefaltet und ein Kreuz auf die Brust gelegt, er wird mit Weihwasser besprengt und beweihräuchert. Sterbende lässt man nicht alleine, man steht ihnen helfend und tröstend beiseite. Zur Todesstunde umstehen zahlreiche Menschen das Sterbelager.

Im Kreise der Vertrauten, unter Psalmengesängen, Beten und lautem Weinen der Umstehenden kann der Übergang ins Ewige Leben beginnen.

Auch Hildegard hat ihre Angelegenheiten zeitig geregelt. Ihr Erbe sowie das ihrer Brüder und Schwestern waren der Abtei bereits vermacht worden, und so gehört der Herrenhof der von Bermersheim bei Alzey mit dem dazugehörigen weitläufigen Landbesitz, den Hildegards Familie schon seit Jahrhunderten innehatte, zum Besitz des Klosters. Ebenso wie die Ortsherrschaft über das Dorf Bermersheim. Kurz vor ihrem Tod bestimmt Hildegard die Nonne Adelheid als Nachfolgerin.

Es ist der 17. September, ein Sonntag. Der Tag neigt sich seinem Ende zu, als Hildegard vor den Augen der sie umgebenden Schwestern stirbt. In tiefer Trauer nehmen die Nonnen von ihrer Meisterin Abschied.

Später werden sie berichten, dass die Nacht von zwei hellen farbigen Bögen durchleuchtet wurde, die sich zu den Windrichtungen kreuzen. Im Mittelpunkt aber strahlt ein weithin sichtbares mondförmiges Licht, in dem sich ein rotschimmerndes Kreuz formt und immer größer wird und von weiteren Kreuzen umgeben ist, die sich in kleinen, verschiedenfarbigen Kreisen befinden.

Als Hildegards Seele zu Gott geht, hüllt sich der ganze Berg in strahlendes Himmelslicht.

»Gott ist ja das lebendige Licht, von dem alle Lichter hell werden. Daher bleibt auch der Mensch durch Ihn ein lebendiges Licht.«

Epilog

Die heilige Hildegard

Die Welt dreht sich weiter, obwohl es erst nicht danach aussieht. Dreißig Tage verbringen die Nonnen in tiefster Trauer und singen gemeinsam die Totenmesse, bevor sie den Alltag wieder aufnehmen. Hildegard von Bingen, ihre geliebte Meisterin, lebt in viel schöneren Sphären weiter, dessen sind sich die Nonnen sicher. Deswegen haben sie, gemäß der christlichen Tradition dieser Zeit, den Schmerz über den Verlust nun zu unterdrücken, er wäre zu selbstsüchtig.

Viele Briefe und Beileidsbezeugungen erreichen die Rupertsberger Nonnen, unter anderem auch ein Brief der Villerenser Mönche.

»Von Herzen haben wir Mitleid mit Eurer Trostlosigkeit. Denn sie ging Euch im Angesicht Gottes voran durch das Beispiel ihrer Heiligkeit. ... Wenn Ihr sie also liebt, freut Euch mit ihr, denn sie ging von der Mühsal zur Ruhe, vom Tod zum Leben, von der Welt zum Vater.«

Am Ende aber erscheint ein pietätloser Wunsch: Ob man die Mönche nicht jetzt, nach ihrem Tod, an den Visionen teilhaben lassen könnte. Und ob die Nonnen ihnen nun die visionär erhaltenen Antworten zu den achtunddreißig Fragen zuschicken könnten ...

Wibert von Gembloux, Hildegards letzter Probst und Sekretär, hat die Antworten, aber er schickt sie nicht an die Villerenser Mönche, sondern überlässt sie Wezelin, Probst von St. Andreas in Köln, der Hildegard damals nach Volmars Tod beistand.

Wezelin ist es, der Hildegards Vermächtnis in einem Riesenkodex zusammenfasst, in der alle ihre Werke dargestellt werden, unter anderem auch die Fragen der Villerenser Mönche nebst Antworten.

Aber noch erscheint die unter Volmars Aufsicht geordnete Briefesammlung unvollständig, ebenso die unter Gottfried begonnene Vita.

Wibert redigiert ein letztes Mal die Briefe, um Hildegards Wirken als Heilige, Theologin und Prophetin zu unterstreichen. Der überaus brisante Brief der Tenxwind von Andernach, die jene Sitte, sich an Festtagen zu schmücken, so unverblümt anklagte, wird entschärft; die schmähliche Antwort des inzwischen heiliggesprochenen Bernhard von Clairvaux als Anfrage umgetextet. Briefe von wichtigen Menschen des Zeitgeschehens, mit denen Hildegard nicht in brieflichem Kontakt stand, werden hinzugefügt, darunter eine Korrespondenz mit den Päpsten Anastasius IV. und Hadrian IV.

Briefpaare werden gebildet, um dem Leser ein besseres Verständnis der Korrespondenz zu verschaffen. Dabei müssen fehlende Anfragen neu geschrieben werden.

Auch die von Gottfried begonnene Hildegardvita wird noch einmal überarbeitet und ergänzt. Die von vielen Menschen so innig verehrte Jutta wird in der Vita zu einer kontemplativen namenlosen Nonne, ihre Leistungen in Gebet und Askese werden nicht erwähnt.

Inzwischen hat sich die strengste Klausur der Frauen durchgesetzt, die Vita muss dahingehend verändert und der gängigen Vorstellung eines heiligen Lebens angeglichen werden. Wibert lässt in Ermangelung konkreter Kenntnisse die jungen Frauen als Inklusen in eine kerkerähnliche Frauenklause einsperren, deren Erbauung Juttas Vater, der zu diesem Zeitpunkt allerdings längst verstorben war, veranlasst haben soll. Das dritte eingeschlossene Mädchen wird zur Dienerin und Hildegard somit Juttas einzige geistige Schülerin.

Die große Aktivität von Jutta, die Scharen von Ratsuchenden anzog, bleibt unerwähnt, es passt nicht zu den Vorstellungen einer Frau, die zeitlebens in eine Klause gesperrt war. Wahre Inklusen stehen nicht in Kontakt mit der ganzen Welt!

Aber es geht nicht um Geschichte, es geht um einen Mythos, der weiterleben muss, wollte man die Werke und Lehren der Hildegard allen zugänglich machen. Ihre Mission auf Erden ist beendet, aber sie soll noch Jahrhunderte nachwirken.

1180 wird Wibert von seinem Abt einberufen und kehrt zum Heimatkloster zurück. Die Vita ist noch nicht abgeschlossen, Wibert übergibt den Rupertsberger Nonnen das Dossier zur weiteren Bearbeitung.

Er, der dem Tod der Prophetin persönlich beiwohnte, hinterlässt darüber keine Aufzeichnungen. Erst Theoderich, ein Mönch aus Echternach, der Hildegard persönlich nicht kannte und von seinem Abt Ludwig, ehemaligem Vorsteher des St. Eucharius in Trier, geschickt wird, beendet die Vita auf der Basis von Erzählungen und Erinnerungen.

Hinzu kommen Einleitungen, in denen der Mönch ausdrücklich Hildegards Vorbildfunktion betont, dazu noch Bibelzitate, Zitate anderer Autoren, Berichte aus Sicht der Meisterin geschrieben und Ausschnitte aus Briefwechseln.

Zu den Voraussetzungen einer Heiligsprechung gehören auch Wunderheilungen, die einen eigenen Teil in der Vita einnehmen sollen. Augen- und Ohrenzeugen werden vernommen, alles zusammengetragen, was einer Kanonisation zugutekommt. Vor allem der Fall der besessenen Frau

Sigewize ist noch allen in genauester Erinnerung und findet besondere Erwähnung.

Das Interdikt und der Streit mit den Mainzer Prälaten bleiben unerwähnt. Es käme einer Heiligsprechung sicher nicht entgegen, zumal die Amtsträger der Prüfungskommission immer aus dem Erzstift des betreffenden Klosters stammen.

Dann endlich ist die Vita fertig und kann dem Riesenkodex beigefügt werden.

Im Jahre 1187 stellt Konrad, der amtierende Erzbischof von Mainz, das Kloster Rupertsberg erneut unter den Schutz der Mainzer Bischofsbehörde.

Der frühere Erzbischof Christian von Buch ist inzwischen verstorben. Nur wenige Tage nach Hildegards Tod ist er auf Veranlassung einiger italienischer Städte für ein Jahr und drei Monate in Gefangenschaft geraten. Als er freikommt, ist seine Gesundheit derart geschwächt, dass er nur wenig später einem Fieber erliegt.

Unterdessen muss Kaiser Barbarossa feststellen, dass die uneingeschränkte Herrschaft über das gesamte Römische Reich Deutscher Nation, wesentliches Ziel der kaiserlichen Politik, unerreichbar bleibt. Umso stärker konzentriert er sich auf die Repräsentation des kaiserlichen Hofes. Zu Pfingsten 1184 feiert er vor den Toren der Stadt Mainz ein Hoffest, für das eigens eine Zeltstadt erbaut wird. Von überall her kommen weltliche und geistliche Fürsten mit ihren Vasallen, um an den Feierlichkeiten teilzunehmen, insgesamt an die siebzigtausend Ritter. Es ist ein Fest nach Geschmack der Fürsten: Neben einem ausgedehnten Festmahl, Turnieren und Tanz werden Barbarossas Söhne Heinrich und Friedrich in den Ritterstand aufgenommen. Gaukler und Gauklerinnen, Spielleute und Dichter sorgen für die Unterhaltung der Gäste. Am dritten Tag findet das

Fest ein jähes Ende, als ein Sturm Häuser und Zelte zerstört und dabei auch Tote zu beklagen sind.

In der Frage der Erzbistümer jedoch bleibt Barbarossa nach wie vor von machtpolitischen Erwägungen getrieben. Entgegen der eindrücklichen Mahnung der seligen Prophetin greift Barbarossa noch immer bei der Einsetzung kirchlicher Ämter ein.

Im Jahre 1187 wird der Kaiser wieder an seine Pflichten als Feldherr erinnert. Die Stadt Jerusalem fällt in die Hände der Muslime zurück. Der Dschihad, der Heilige Kampf, richtet sich gegen alle christlichen Siedlungen der Kreuzfahrerstaaten. Unter Nur ad-Din und seinem Nachfolger Saladin fallen mehr als fünfzig Kreuzfahrerburgen.

Der alternde Friedrich Barbarossa folgt dem Aufruf zum dritten Kreuzzug und stellt sich nach anfänglichem Zögern an die Spitze der Bewegung. Die Wiedergewinnung der Heiligen Stätten ist Aufgabe des Kaisers und mit ihm die der abendländischen Könige.

Wieder zieht der Kaiser in den Kampf. Es soll sein letzter sein. Im Juni 1190 ertrinkt Friedrich Barbarossa bei einem Bad in den Wassern des Saleph. Die Rivalität unter den nun führerlosen Königen verhindern die Rückeroberung Jerusalems, der dritte Kreuzzug ist gescheitert.

Denjenigen Pilgerern aber, die in friedlicher Absicht kommen, gewährt Saladin den Zugang zur Heiligen Stadt.

In der Zwischenzeit entwickelt sich Hildegards Grab auf dem Klosterfriedhof zu einer Anlaufstätte für Pilger und Leidende, die mit der Begegnung der letzten Ruhestätte auf eine Wunderheilung hoffen. Denn das Charisma eines heiligen Menschen bleibt im Verständnis dieser Zeit auch im toten Leib bestehen.

Erzählungen von Wundern machen die Runde, von

Heilungen zweier Kranker alleine durch das Berühren der leblosen Äbtissin kurz vor ihrer Grablegung.

Lange versuchen die Rupertsberger Nonnen, sich trotz des steten Zustroms pilgernder Menschen auf den Klosteralltag zu konzentrieren. Doch die Besinnung auf die Gebete und den Chorgesang wird inmitten des Lärms immer schwerer und erweist sich schließlich als undurchführbar.

Ein hoher Geistlicher wird um Hilfe gebeten, Erzbischof Siegfried II. von Mainz, Nachfolger von Konrad. Der Erzbischof begibt sich persönlich zum Rupertsberg, um der seligen Hildegard zum Wohle der Nonnen das Unterlassen von Wundern zu befehlen.

Im Jahre 1209 erlangt Wibert, inzwischen Abt von Gembloux, Kenntnis vom Werk seines Nachfolgers Theoderich von Echternach. Noch einmal überarbeitet er die Hildegardvita und verbreitet sie in seiner niederländischen Heimat, um das Andenken an die rheinische Visionärin zu fördern.

Die Hildegardverehrung zieht weite Kreise. In den befreundeten Klöstern von Gembloux, Echternach, St. Eucharius in Trier und Villers entstehen erste liturgische Texte zu ihren Ehren.

Und gerade die Abtei Villers, die noch lange auf den Erhalt der Antworten zum theologischen Fragenkatalog warten muss, entwickelt sich zum Zentrum der klösterlichen Hildegardverehrung.

Der Antrag auf Heiligsprechung kommt spät. Erst 1228, fast fünfzig Jahre nach dem Tod der Prophetissa, wird er vom Rupertsberger Konvent gestellt. Denn erst jetzt ist der Zeitpunkt günstig. Der neue Papst Gregor IX. kennt Deutschland gut, auch hatte er bereits vom heiligen Lebenswandel der Äbtissin gehört. In sein Pontifikat fällt ein Großteil der Kanonisation großer Heiliger.

Am 28. Januar schickt der Papst kirchliche Würdenträger von St. Peter in Mainz zum Zeugenverhör über Leben, Wirken und Wunder der seligen Äbtissin. Aber als der Kanonisationsprozess eröffnet wird, sind alle Zeitzeugen, die Hildegard persönlich kannten, bereits verstorben, ein tragischer Umstand, der unerwartet zu Verzögerungen führt.

Hildegards Schriften werden angefordert und nach Rom entsendet. Lange kommt keine Antwort. Inzwischen werden Hildegards Gebeine im Zuge der zu erwartenden Heiligsprechung in die Gruft vor dem Hauptaltar der Rupertsberger Kirche versetzt. Die Reliquien sind ein kostbarer Schatz, es heißt, in ihnen seien weiterhin die Kräfte vorhanden, die dem heiligen Menschen zu Lebzeiten innewohnten. Und tatsächlich: Als die Nichte der Chormeisterin Sophia mit heftigen Fieberanfällen erkrankt, wird sie durch die Gabe von Wasser, in dem Hildegards Gebeine gewaschen wurden, wieder gesund.

Die amtierende Rupertsberger Äbtissin Elsa von Partenheim, Meisterin Elysa genannt, lässt die Nonnen an einem kostbaren Antependium arbeiten, das aus byzantinischer Purpurseide besteht und mit Gold und Silber bestickt ist. Es zeigt Hildegard in einer Reihe mit den Heiligen Petrus, Johannes, Martin und Rupert. Hildegards Kopf umrahmt ein Heiligenschein, denn dass die Heiligsprechung nur noch eine Frage weniger Formalien ist, dessen ist man sich auf dem Rupertsberg sicher.

Auch von anderer Seite glaubt man fest daran: Zisterziensermönch Gebeno von Eberbach, der in seinen Schriften vor allem die Prophezeiungen der Hildegard hervorhebt und sie als Mahnung an die eigene Zeit versteht. Seine Schriften finden große Beachtung, und er ist der festen Überzeugung, dass sie den laufenden Kanonisierungsprozess fördern.

Es dauert jedoch ganze fünf Jahre, bis die Überprüfung abgeschlossen ist und dem Papst vorgelegt wird. Papst Gregor, der sich durch das Studium in Bologna hervorragend in Theologie und Kirchenrecht auskennt, äußert Bedenken gegen die Form des Zeugenverhörs. Vor allem vermisst er in den angeführten Heilungen die Angaben von Personen, Orten und Zeiten. Aber wer soll das, Jahrzehnte nach dem Tod der Prophetin, noch glaubhaft bezeugen können?

Eine neue Prüfungskommission wird ernannt, dieses Mal mit Geistlichen des Mainzer Doms, und wieder lassen sich die Mainzer Würdeträger Zeit. Wollten sie die Heiligsprechung einer Frau verhindern, deren Schriften offen die Missstände des Klerus anprangern?

Nicht in einem Zeugnis wird erwähnt, dass die Männer die Arbeit aufnehmen. Und so vergeht diese Gelegenheit. Papst Gregor IX., der in der Zwischenzeit Franziskus von Assisi, den Träger der Wundmale Christi, Antonius von Padua, Dominikus und Elisabeth von Thüringen heiligsprach, stirbt.

Erst der übernächste Papst, Innozenz IV., nimmt den Vorgang wieder auf. Am 24. November 1243 beauftragt er erneut Geistliche des Mainzer Doms, die Untersuchung zu vervollständigen. Dieses Mal werden die Geistlichen aktiv und verbessern das vorhandene Protokoll gemäß den Forderungen des verstorbenen Papstes Gregor IX., trotz fehlender Zeitzeugen. Doch hat das Protokoll Mainz wirklich verlassen? Aus Rom kommt keine Reaktion.

Die Jahrhunderte vergehen. Fast scheint es, als hätte man Hildegard von Bingen und ihre umfangreichen Werke vergessen. Ihr Name erscheint gelegentlich in Streitfragen, wenn ihre Zitate dem jeweiligen Ziel entsprechend benutzt werden. Andere setzen sie als namenhafte prophetische Autorität ein, um die immer wieder neu erschlossene Ankunftszeit des Antichristen vorherzubestimmen.

Noch Mitte des 15. Jahrhunderts entsteht das »Speyer Kräuterhandbuch«, das sich in ärztlichen Kreisen großer Beliebtheit erfreut. Das Buch basiert auf einer kursierenden deutschen Übersetzung von Hildegards Kräuterlehre sowie auf dem bis dahin gebräuchlichen Kräuterbuch »Macer« und bezieht weitere naturheilkundliche Werke mit ein.

Auch andere mittelalterliche Kräuterbücher und selbst Kochbücher bedienen sich bruchstückhaft Hildegards Werk.

Die Nonnen des Rupertsberg hingegen bewahren das lückenlose Andenken an Hildegards heiliges Leben mitsamt dem umfangreichen Vermächtnis und feiern jährlich am 17. September das Hildegardisfest.

1489 wird Hildegards Grab auf Anordnung vom Mainzer Erzbischof Berthold geöffnet, in der Hoffnung, dort eine Heiligsprechungsurkunde zu finden.

Auf Anregung des Abts Trithemius von Sponheim wird das Grab nur neun Jahre später erneut in Anwesenheit der Nonnen geöffnet, um den Prozess der Heiligsprechung wieder einzuleiten, tatsächlich aber bleibt es nur bei einer Entnahme von Reliquien.

Denn die Reliquien der als heilig verehrten Hildegard sind begehrt, und so erhalten die Abtei St. Matthias in Trier einen Teil der Haare, Kranz und Schleier, Abt Trithemius von Sponheim, der die Hildegardverehrung in seinen Werken und Liedern wiederaufleben lässt, einen Arm mit Handknochen, und der Kurfürst von Mainz, Kardinal Albrecht von Brandenburg, einen Finger und kleine Partikel der Zunge, aufbewahrt in einem kristallenen Glas.

Im Jahr 1523 wird das erste Visionswerk »Scivias« vom Franzosen Faber Stapulensis erstmalig als Druckausgabe veröffentlicht, nachdem es vom frühen Buchdruck fast vollständig ignoriert wurde. Es passte in seiner Gesamtheit nicht in die theologischen Strömungen der Zeit, interessierte man sich doch bislang fast ausschließlich bruchstückhaft für die Kirchen-, Gesellschafts- und Papstkritik und die apokalyptischen Endzeitvisionen. Nun aber erscheint es in einem Sammelwerk mehrerer Autoren als Visionsliteratur. Ohne das Drängen des Rupertsberger Konvents und der Mönche des befreundeten Kloster Johannisberg wäre der Text wohl niemals in das Sammelwerk mit aufgenommen worden. Aber die Nonnen können Faber, der beide Klöster auf einer Reise in den Rheingau besuchte, von der Wichtigkeit dieser Schrift überzeugen. Die zu diesem Zweck eilig angefertigte Kopie der Originalhandschrift jedoch erweist sich als fehlerhaft.

Die Auswirkungen des Werkes aber sind gering, und es dauert mehr als hundert Jahre, bevor eine zweite Ausgabe des »Scivias« in Köln gedruckt wird.

Während des Dreißigjährigen Krieges bricht über das Rupertsberger Konvent, der das Andenken an Hildegard und die Originalschriften hingebungsvoll verwahrt, eine Katastrophe herein. Nur durch das kluge Handeln der Äbtissin Anna Lerch von Dirmstein kann die vollständige Vernichtung von Hildegards Lebenswerk verhindert werden.

Als die Schweden im Jahre 1631 während des Dreißigjährigen Krieges auf den Rheingau zumarschieren, flieht die Äbtissin mit fünf Nonnen und zwei Postulantinnen nach Köln, nicht ohne einen Großteil der Wertsachen in der Abteikirche im Gewölbe unter dem Nonnenchor zu verstecken, darunter die Reliquien der Hildegard von Bingen, die in einem sargähnlichen Kasten aus Tannenholz mit dachförmig gewölbtem Deckel untergebracht sind. Einzig Hildegards Haupt, Herz und Zunge sowie Gebeine des heiligen Rupertus und einen Teil des Archivs nimmt die Äbtissin mit nach Köln, um wenigstens etwas vor der drohenden Zerstörung zu retten.

Am 19. April 1632 lässt der schwedische Major Alexander Hanna das Kloster anzünden und niederbrennen. Alles, was Hildegard zu Lebzeiten mit viel Mühe hatte aufbauen lassen, wird Opfer der Flammen, auch das Skriptorium mit seinem unermesslichen Bücherschatz.

Binger Bürger, die unter der schwedischen Besatzung schwer zu leiden hatten, fallen plündernd in das zerstörte Kloster ein und bemächtigen sich allem, was die Schweden übrig gelassen haben. Heiligenstatuen, Bilder, Möbelstücke.

Das Versteck unter dem Nonnenchor aber wurde nicht entdeckt. Zwei Laienschwestern, die nach Tagen die rauchenden Trümmer aufsuchen, finden das Gewölbe unversehrt und retten die Kostbarkeiten in das Binger Pfarrhaus. Über Mainz gelangen die Reliquien schließlich ins Kloster Eibingen in die neu erbaute Kirche, zusammen mit dem nach Köln geretteten Reliquienschatz.

Lange scheint das Wissen um Hildegards Leben und Werk vergessen. In der sehr ausführlichen Binger Kirchenordnung von 1680 wird ein Fest zur Ehre der Hildegard nicht erwähnt, und es gibt auch keine weiteren Hinweise auf eine Hildegardverehrung. Der Rupertsberg steht nun im Mittelpunkt einer Wallfahrt zum Bild der Gottesmutter

Maria, das den Brand der Kirche in einer Nische des Seitenschiffes überstanden hat und aus dem einer Legende nach einst Blut geflossen war.

Im Zuge der Säkularisation wird das Kloster Eibingen dem Fürsten von Nassau übereignet und aufgehoben, im März 1814 müssen die letzten verbliebenen Nonnen ausziehen. Das Kloster wird versteigert, drei Flügel werden kurz darauf abgerissen. Die gesamte Inneneinrichtung der Klosterkirche wird an die gerade wiederaufgebaute St. Rochuskapelle in Bingen verkauft, samt der Altäre und Kunstwerke, auf denen auch Hildegard abgebildet ist.

Die Reliquien der Hildegard aber werden dem Pfarrer von Eibingen überlassen, der den Schrein und das Haupt in einem kleinen Saal der alten baufälligen Pfarrkirche aufbewahrt. Jahre später, als die Dorfgemeinde das inzwischen als Zeughaus für Waffen und Kanonen verwendete Kloster ersteigern kann, bringt der Pfarrer die Reliquien in die ehemalige Klosterkirche zurück, die jetzt die neue Pfarrkirche wird.

Sein Nachfolger, Pfarrer Ludwig Schneider, setzt sich für die Rekognition des Reliquienschatzes ein und erhält vom Limburger Ordinariat die Erlaubnis, eine Untersuchung zur heiligen Hildegard durchzuführen und die Identität der Gebeine mithilfe eines Arztes festzustellen.

Der Bericht seiner Forschungsarbeit ist umfangreich, er umfasst mehr als vierhundert Seiten und enthält Informationen zur Beschaffenheit der Reliquien und über Hildegards gesamte Werke.

Inzwischen gewinnen weitere Editionen des »Scivias« an Bedeutung. Allen voran die Edition des Jaques-Paul Migne, die auf Fabers fehlerhafter Abschrift basiert, und die Edition des Kardinal Pitras, der mit mehreren Hildegardtexten eine Gesamtausgabe ihrer Schriften anregen möchte.

Am 17. September 1857 feiern die Diözesen Limburg, Mainz und Trier zum ersten Mal das Hildegardfest. Mit einer großen Prozession werden die Reliquien der heiligen Hildegard durch das geschmückte Dorf Eibingen auf den neuen Altar der zur Pfarrkirche gewordenen ehemaligen Eibinger Abteikirche getragen. Auch in der St. Rochuskapelle in Bingen wird seit 1864 das Binger Hildegardfest gefeiert. Was früher nur ein Klosterfest war, ist nun ein Fest der Bischöfe und Gemeinden.

1904 wird oberhalb Eibingens die Abtei St. Hildegard gegründet, deren Benediktinerinnen mit großer wissenschaftlicher Leistung biografische Details der heiligen Hildegard klären und einen Teil der umfangreichen lateinischen Abschriften ins Deutsche übersetzen.

Dank der von ihnen initiierten Hildegard-Forschung ist es heute möglich, das Leben der heiligen Hildegard nachzuvollziehen.

In den Jahren von 1927 bis 1933 entsteht in der Abtei St. Hildegard in mühevoller Handarbeit ein präzises, auf Pergament gemaltes Faksimile des erhaltenen »Scivias« samt Miniaturen. Als die Originalhandschrift aus Sicherheitsgründen 1945 aus der Nassauischen Landesbibliothek Wiesbaden nach Dresden verlagert wird, geht sie verloren und bleibt seitdem verschollen.

1970 veröffentlicht der Konstanzer Arzt Dr. Gottfried Hertzka ein Buch über die wiederentdeckte Hildegard-Medizin, in der er die Empfehlungen des in zwei Teilen getrennten naturheilkundlichen Werkes nach vierzigjähriger Erprobung als Erster der breiten Öffentlichkeit in verständlicher Sprache zugänglich macht. Obwohl dieser

Vorstoß seitens der Wissenschaft für breite Diskussionen sorgt, findet die neue Hildegard-Medizin innerhalb kürzester Zeit begeisterte Anwender. Der dem Weizen physiologisch weit überlegene Dinkel, fast vom Aussterben bedroht, erlebt eine Renaissance.

1979 wird im Raum Bingen und Rüdesheim anlässlich des 800. Todestages der Hildegard von Bingen ein achttägiges Fest gefeiert. Zu diesem Anlass richtet Papst Johannis Paul II. persönlich ein Schreiben an Kardinal Volk von Mainz. Zehntausende Menschen nehmen an den Feierlichkeiten teil.

Die noch größere Resonanz anlässlich des 900. Geburtstags im Jahr 1998 zeiget die große Verehrung, die Hildegard inzwischen entgegengebracht wird.

Sowohl die Abtei St. Hildegard in Eibingen als auch der Binger Rochusberg und die Kirchengemeinden Bingerbrück und Bingen tragen das Vermächtnis der Hildegard mit regelmäßig stattfindenden Hildegard-Gottesdiensten, Meditationen und musikalischen Veranstaltungen in die heutige Zeit.

Die moderne Welt aber nähert sich Hildegard auf ihre ganz eigene Weise, konsumiert das Vermächtnis mit Pop-Versionen ihrer Lieder und kommerziell vermarkteter »Hildegard-Müslis« in Bioecken von Supermärkten.

So sind die einen angezogen von der punktuellen Betrachtung des Hildegard-Kults, während die anderen tiefer gehen, Hildegards symphonisches Denken aufnehmen und das Wesen des harmonischen Zusammenklingens aller Dinge begreifen.

In einer Zeit, in der Menschen auf der Suche nach dem Sinn des Lebens eine Verantwortung gegenüber Mutter Erde und ihren Geschöpfen entwickeln, sind die Visionen Hildegards so aktuell wie nie zuvor. Die Erkenntnis des gemeinsamen Schicksals ist ein erster Schritt zur Vorstellung, dass alles miteinander verbunden ist, ein Gedanke, der Hildegards Weltbild schon vor Jahrhunderten prägte.

Der Mensch gilt als Mittelpunkt der Schöpfung – mit der Freiheit und Verantwortung zu gestalten. Jedem steht es offen, zur gemeinsamen Symphonie beizutragen und damit zu einem glücklichen und erfüllten Leben.

Hildegard von Bingen, Visionärin, Theologin, Künstlerin und Forscherin, ist eine der charismatischsten Persönlichkeiten der vergangenen Jahrhunderte. Mit ihrem Leben und Wirken hat sie die Menschen tief beeindruckt, früher wie auch heute.

Am 10. Mai 2012 teilte die vatikanische Heiligsprechungskongregation mit, dass Papst Benedikt XVI. Hildegard von Bingen zur Heiligen der Universalkirche erhoben hat. Nur wenige Monate später, am 7. Oktober 2012, wurde die Äbtissin zur Kirchenlehrerin ernannt. Eine Auszeichnung, die bislang nur drei Frauen zuteil geworden war.

Hildegard, seit Jahrhunderten als Volksheilige verehrt, ist nun auch offiziell eine Heilige geworden.

Zeittafel

Übersicht der Stationen
in Hildegards Leben

1098	Hildegard wird als zehntes Kind der Adeligen Hildebert und Mechthild von Bermersheim in der Nähe von Alzey im rheinfränkischen Land geboren.
1106	Im Alter von acht Jahren beginnt Hildegard eine religiöse Ausbildung bei der sechs Jahre älteren Jutta von Sponheim.
1108	Grundsteinlegung zur Errichtung des Benediktinerklosters Disibodenberg auf den Ruinen eines mehrfach zerstörten Kanonikerstifts.
	Die Familien von Bermersheim und von Sponheim stiften den Bau einer Frauenklause.
1112	Am 1. November, dem Allerheiligentag, ziehen die Frauen nach gemeinsamer Prozession in die Klause ein. Nur wenig später legen sie das monastische Gelübde ab und empfangen den geweihten Schleier.
1136	Am 22. Dezember stirbt Jutta von Sponheim, erste Meisterin des Kloster Disibodenberg, an den Folgen einer Krankheit.
	Noch im Dezember wird Hildegard gegen ihren Willen von ihren Mitschwestern einstimmig zur Nachfolgerin gewählt.
1141	Hildegard erhält in einer gewaltigen Vision von Gott den Auftrag, alles niederzuschreiben, was sie sieht und hört. Beginn der Arbeit am ersten visionären Werk: »Scivias« – Wisse die Wege.
	Der Mönch Volmar unterstützt Hildegards Aufgabe und wird ihr Sekretär.
1143	Die fertiggestellte Abteikirche des Disibodenberger Klosters wird vom Mainzer Erzbischof Heinrich geweiht. Der

Erzbischof erfährt von Hildegards Visionen und ermuntert sie, mit der Niederschrift fortzufahren.

1145   Am 1. Dezember ruft Papst Eugen III. zum Kreuzzug auf. Abt Bernhard von Clairvaux wird mit der Kreuzzugspredigt beauftragt.

1147   Hildegard schreibt einen demütigen Brief an Abt Bernhard von Clairvaux mit der Bitte, sich zu ihren Visionen zu äußern. Das Antwortschreiben des Abts ist unbefriedigend.

1147/1148   Papst Eugen III. erkennt auf der Synode von Trier Hildegards Sehergabe an und liest öffentlich aus dem »Scivias« vor.

1148   Auf eine göttliche Vision hin plant Hildegard die Errichtung eines Frauenklosters auf dem Rupertsberg. Abt Kuno von Disibodenberg ist gegen die Pläne und lässt die Magistra erst auf den Protest der Marktgräfin von Stade hin und nach Eingreifen des Erzbischofs Heinrich von Mainz gehen.

1150   Hildegard zieht mit achtzehn Nonnen in das neue Kloster auf dem Rupertsberg, gegenüber der Stadt Bingen.

1151   Fertigstellung des ersten Visionswerks »Scivias«.

Beginn des naturheilkundlichen Werkes »Über die Feinheiten der verschiedenen Naturen der Geschöpfe«, das später in zwei Bücher geteilt wird (»Physica« und »Causae et Curae«).

Die Nonne Richardis, Hildegards enge Vertraute, wird als Äbtissin nach Bassum abberufen. In mehreren Briefen versucht Hildegard gegen die Abberufung anzugehen, kann aber nichts ausrichten.

1152   Friedrich I., später Barbarossa genannt, wird am 9. März in Aachen zum König gekrönt.

Am 1. Mai weiht der Mainzer Erzbischof Heinrich die Rupertsberger Klosterkapelle, die als Abteikirche dient, und schenkt dem Kloster eine Mühle samt Grundbesitz zur Versorgung der Nonnen.

Am 29. Oktober stirbt Richardis von Stade in Bassum an den Folgen einer schweren Krankheit.

1153	Zu Pfingsten wird der Mainzer Erzbischof Heinrich, einer der größten Unterstützer Hildegards, nach internen Intrigen abgesetzt.
1154	Ritt zum Kloster Disibodenberg. Hildegard tritt für die Ablösung vom Mutterkloster ein und kämpft um die Besitztümer des Rupertsberg und für den Verbleib ihres Probstes Volmar.
1155	Friedrich Barbarossa wird am 18. Juni in Rom zum Kaiser gekrönt.
	Hildegard besucht den Kaiser in der Pfalz Ingelheim.
1158	Am 22. Mai bestätigt Erzbischof Arnold von Mainz die finanzielle und rechtliche Unabhängigkeit des Kloster Rupertsberg vom Disibodenberger Mutterkloster.
	Fertigstellung des naturheilkundlichen Werks »Liber subtilitatum diversarum naturarum creaturarum« – Über die Feinheiten der verschiedenen Naturen der Geschöpfe.
	Beginn des zweiten Visionsbuches: »Liber vitae meritorum« – Buch der Lebensverdienste.
1158–1159	Erste Predigtreise nach Mainz, Wertheim, Würzburg, Kitzingen, Ebrach und Bamberg.
1159	Im September stirbt Papst Hadrian IV. Bei der Wahl des neuen Papstes kommt es zu Tumulten. Alexander III. und der vom Kaiser bevorzugte Viktor IV. beanspruchen den Titel für sich. Es ist der Beginn des 18 Jahre währenden Schismas.
1160	Am 13. Januar bestimmt Kaiser Barbarossa auf dem Konzil von Pavia Viktor IV. als Papst. und bannt den von Kardinälen gewählten Alexander III.
	Hildegard bricht zu ihrer zweiten Reise auf. Sie geht über Trier bis Metz, von dort weiter zum Kloster Krauftal in der Diözese Straßburg. Ihre öffentliche Predigt im Trierer Dom erregt großes öffentliches Aufsehen.
1161–1163	Dritte Predigtreise über Boppard, Andernach und Siegburg nach Köln und von dort aus weiter nach Werden an der Ruhr. In Köln predigt Hildegard gegen die Katharer.
1163	Das zweite Visionsbuch, der »Liber vitae meritorum« – das Buch der Lebensverdienste – ist vollendet.

1163	In einer Schau, bei der Hildegard erstmalig auch das Bewusstsein verliert, erhält sie den Auftrag zum dritten Visionsbuch: Den »Liber divinorum operum« – das Buch der Gotteswerke.
	Am 18. April stellt Kaiser Friedrich Barbarossa dem Rupertsberger Kloster eine Schutzurkunde aus, in der er die Urkunden von 1158 bestätigt und sowohl Steuerfreiheit als auch besonderen kaiserlichen Schutz zusichert.
1164	Nach dem Tod von Viktor IV. wird mit Paschalis III. ein zweiter Gegenpapst eingesetzt.
1165	Hildegard erwirbt das zerstörte Kloster Eibingen und lässt es für dreißig Nonnen herrichten. Im Gegensatz zum Kloster Rupertsberg steht es auch Nichtadeligen offen.
1167	Kaiser Barbarossa erobert Rom und vertreibt den kirchlichen Papst Alexander III. aus der Stadt. Nur wenig später erliegt sein Heer vor den Toren Roms der Malaria, fast zweitausend Männer sterben. Weitere erkranken an der Ruhr. Die lombardischen Städte nutzen die Gelegenheit, verbünden sich mit dem venezianischen Bund und befreien sich von der unterdrückenden Reichsverwaltung des Kaisers.
1168	Paschalis III. stirbt, ein dritter kaiserlicher Papst wird eingesetzt: Calixt III.
	Hildegard schreibt einen mahnenden Brief an Kaiser Barbarossa, in dem sie göttliche Strafe verkündet.
1169	Heilung der besessenen Frau Sigewize.
1170	Auf Wunsch vom Disibodenberger Abt Helinger verfasst Hildegard die »Vita Disibodi«.
1171	Vierte Predigtreise nach Maulbronn, Hirsau und Zwiefalten.
1173	Volmar, seit zweiunddreißig Jahren treuer Sekretär und Begleiter, stirbt.
	Abt Ludwig von St. Eucharius in Trier und der Kölner Probst Wezelin von St. Andreas helfen Hildegard bei der Beendigung des »Liber divinorum operum«, dem Buch der Gotteswerke.

1174	Erneuter Konflikt mit dem Disibodenberg. Abt Helinger weigert sich, dem Rupertsberger Kloster einen Probst zu stellen.
	Hildegard wendet sich an Papst Alexander III., der dem Kölner Probst Wezelin die Klärung überlässt. Unter dessen Vermittlung kommt der Disibodenberger Mönch Gottfried als Probst zum Rupertsberg und beginnt mit der Abfassung von Hildegards Vita.
1175	Briefwechsel mit Wibert von Gembloux, in dem Hildegard das Empfangen ihrer Visionen beschreibt.
1176	Hildegards neuer Probst und Sekretär Gottfried stirbt. Dieses Mal kann Abt Helinger aus Mangel an fähigen Leuten keinen weiteren Mönch mehr schicken.
	Hildegard bittet ihren Bruder Kuno, Domkantor in Mainz, um Hilfe. Zusammen mit einem Kanonikus von St. Stephan in Mainz kümmert er sich um die weltlichen Belange des Klosters und die Seelsorge der Nonnen. Beide sterben nur ein Jahr später.
1177	Wibert von Gembloux wird neuer Probst und Sekretär vom Rupertsberg.
	Am 24. Juli unterzeichnet Kaiser Barbarossa nach verlorener Schlacht um Mailand den Friedensvertrag von Venedig und erkennt Papst Alexander III. als einziges Kirchenoberhaupt an. Das 18 Jahre währende Schisma ist beendet.
	Hildegard lässt einen exkommunizierten Adeligen nach seiner inoffiziellen Aussöhnung mit der Kirche auf dem Klosterfriedhof begraben. Die Mainzer Prälaten verlangen die sofortige Exhumierung des Leichnams. Als Hildegard sich weigert, verhängen die Prälaten ein Interdikt über das Rupertsberger Kloster. In mehreren Briefen an die Prälaten und an den abwesenden Erzbischof Christian von Buch kämpft Hildegard um ihr Recht und um die Aufhebung des Interdikts.
1179	Das Interdikt wird aufgehoben.
	Am 17. September stirbt Hildegard von Bingen im Kreise ihrer Nonnen.

Literaturverzeichnis

I. Werke Hildegards von Bingen

Scivias – Wisse die Wege. Eine Schau von Gott und Mensch in Schöpfung und Zeit, übersetzt und hrsg. von W. Storch OSB, Augsburg 1991

Der Mensch in der Verantwortung. Das Buch der Lebensverdienste (Liber vitae meritorum), übersetzt und erläutert von H. Schipperges, Salzburg 1972

Das Buch vom Wirken Gottes – Liber divinorum operum. Erste vollständige Ausgabe, übersetzt und hrsg. von M. Heieck, Augsburg 1998

Heilkraft der Natur – »Physica«, 2. Auflage, Freiburg 1995

Ursachen und Behandlung der Krankheiten – »Causa et curae«, übersetzt von H. Schulz, 6., erg. Aufl. Heidelberg 1990

»Nun höre und lerne, damit du errötest«. Briefwechsel – nach den ältesten Handschriften übersetzt und nach den Quellen erläutert von A. Führkötter OSB, 2. Auflage, Freiburg im Breisgau 2008

Briefwechsel mit Wibert von Gembloux, übersetzt und hrsg. von W. Storch OSB, Augsburg 1993

Das heilige Leben der heiligen Hildegard von Bingen. Berichtet von den Mönchen Gottfried und Theoderich, übersetzt und kommentiert von A. Führkötter OSB, 3. Auflage Salzburg 1980

II. Sekundärliteratur

Althoff, Gerd, Goetz, Hans-Werner und Schubert, Ernst: Menschen im Schatten der Kathedrale. Neuigkeiten aus dem Mittelalter, Darmstadt 1998

van Banning, Joop: Hildegard von Bingen als Theologin in ihren Predigten. In: R. Berndt (Hrsg.), Im Angesicht Gottes suche der Mensch sich selbst«, Berlin 2001

Berschin, Walter: Die Vita Sanctae Hildegardis des Theoderich von Echternach. Ihre Stellung in der biographischen Tradition. In: E. Forster (Hrsg.), Hildegard von Bingen. Prophetin durch die Zeiten, Freiburg im Breisgau 1997

Betz, Otto: Hildegard von Bingen. Gestalt und Werk, München 1996
ders.: Wirken mit Augenmaß. »Opus/Operatio« und »Discretio« – Schlüsselbegriffe im Denken Hildegards. In: E. Forster (Hrsg.), Hildegard von Bingen. Prophetin durch die Zeiten, Freiburg im Breisgau 1997

Beuys, Barbara: Denn ich bin krank vor Liebe. Das Leben der Hildegard von Bingen, München 2003

Borst, Arno: Barbaren, Ketzer und Artisten. Welten des Mittelalters, München 1988

Brede, Maria Laetitia: Die Klöster der heiligen Hildegard. Rupertsberg und Eibingen. In: A. Ph. Brück (Hrsg.), Hildegard von Bingen 1179–1979. Festschrift zum 800. Todestag der Heiligen, Mainz 1979

Brieskorn, Norbert: Finsteres Mittelalter? Über das Lebensgefühl einer Epoche, Mainz 1991

Carlevaris, Angela: Hildegard von Bingen. Urbild einer Benediktinerin? In: E. Forster (Hrsg.), Hildegard von Bingen. Prophetin durch die Zeiten, Freiburg im Breisgau 1997

Diers, Michaela: Vom Nutzen der Tränen. Über den Umgang mit Leben und Tod im Mittelalter und Heute, Köln 1994

Dinzelbacher, Peter: Bernhard von Clairvaux, Darmstadt 1998
ders.: Europa im Hochmittelalter 1050–1250. Eine Kultur- und Mentalitätsgeschichte, Darmstadt 2003
ders.: Das fremde Mittelalter. Gottesurteil und Tierprozess, Essen 2006

Ehlers, Caspar, Jarnut, Jörg und Wemhoff, Matthias (alles Hrsg.): Deutsche Königspfalzen. Beiträge zu ihrer historischen und archäologischen Erforschung, Göttingen 2007

Embach, Michael: Johannes Trithemius (1462–1516) als Propagator Hildegards. In: A. Haverkamp (Hrsg.), Hildegard von Bingen in ihrem historischen Umfeld, Mainz 2000
ders.: Die Schriften Hildegards von Bingen: Studien zu ihrer Überlieferung und Rezeption im Mittelalter und in der Frühen Neuzeit, Berlin 2003

Engels, Odilo: Die Zeit der heiligen Hildegard. In: A. Ph. Brück (Hrsg.), Hildegard von Bingen 1179–1979. Festschrift zum 800. Todestag der Heiligen, Mainz 1979

Felten, Franz J.: Zum Problem der sozialen Zusammensetzung der Konvente. In: A. Haverkamp (Hrsg.), Hildegard von Bingen in ihrem historischen Umfeld, Mainz 2000

ders.: »Noui esse uolunt ... deserentes bene contritam uiam«. Hildegard von Bingen und Reformbewegungen im religiösen Leben ihrer Zeit. In: R. Berndt (Hrsg.), »Im Angesicht Gottes suche der Mensch sich selbst«, Berlin 2001

Fuchs, Ursula: Der Stein im Rad des Kosmos. Hildegards »Steinbuch« als Verbindungsglied zwischen »Scivias« und »De operatione Dei". In: E. Forster (Hrsg.), Hildegard von Bingen. Prophetin durch die Zeiten, Freiburg im Breisgau 1997

Führkötter, Adelgundis: Hildegard von Bingen. Leben und Werk. In: A. Ph. Brück (Hrsg.), Hildegard von Bingen 1179–1979. Festschrift zum 800. Todestag der Heiligen, Mainz 1979

Fuhrmann, Horst: Deutsche Geschichte im hohen Mittelalter. Göttingen 2003

Ganz, Peter: Friedrich Barbarossa: Hof und Kultur. In: A. Haverkamp (Hrsg.), Friedrich Barbarossa – Handlungsspielräume und Wirkungswesen des staufischen Kaiser

Gerl-Falkovitz, Hanna-Barbara: Brückenschlag. Ein Versuch zur Aktualität der Hildegard von Bingen. In: E. Forster (Hrsg.), Hildegard von Bingen. Prophetin durch die Zeiten, Freiburg im Breisgau 1997

Giersch, Paula, Schmid, Wolfgang: Rheinland – Heiliges Land. Pilgerreisen und Kulturkontakte im Mittelalter, Trier 2004

Gössmann, Elisabeth: Hildegard von Bingen. Versuche einer Annäherung, München 1995

Goetz, Hans-Werner: Leben im Mittelalter vom 7. bis zum 13. Jahrhundert, München 1986

Haas, Wolfdieter: Welt im Wandel. Das Hochmittelalter, Stuttgart 2002

Haverkamp, Alfred: Hildegard von Disibodenberg-Bingen. In: A. Haverkamp (Hrsg.), Hildegard von Bingen in ihrem historischen Umfeld, Mainz 2000

Hertzka, Gottfried: So heilt Gott. Die Medizin der heiligen Hildegard, Stein am Rhein/Schweiz 1970, 13. Auflage 1987

Hinkel, Helmut: St. Hildegards Verehrung im Bistum Mainz. In: A. Ph. Brück (Hrsg.), Hildegard von Bingen 1179–1979. Festschrift zum 800. Todestag der Heiligen, Mainz 1979

Holbach, Rudolf: Hildegard von Bingen und die kirchlichen Metropolen. In: A. Haverkamp (Hrsg.), Hildegard von Bingen in ihrem historischen Umfeld, Mainz 2000

Keil, Gundolf: Hildegard von Bingen deutsch: Das »Speyer Kräuterbuch«. In: A. Haverkamp (Hrsg.), Hildegard von Bingen in ihrem historischen Umfeld, Mainz 2000

Klaes, Monika: Von der Briefsammlung zum literarischen Briefbuch. Anmerkungen zur Überlieferung der Briefe Hildegards von Bingen. In: E. Forster (Hrsg.), Hildegard von Bingen. Prophetin durch die Zeiten, Freiburg im Breisgau 1997

Kotzur, Hans-Jürgen (Hrsg.): Hildegard von Bingen 1098–1179, Mainz 1998

Krasenbrink, Josef: Die »inoffizielle« Heilige. Zur Verehrung Hildegards diesseits und jenseits des Rheins. In: E. Forster (Hrsg.), Hildegard von Bingen. Prophetin durch die Zeiten, Freiburg im Breisgau 1997

Liebeschütz, Hans: Das allegorische Weltbild der heiligen Hildegard von Bingen, Leipzig 1930

Meier, Christel: Zum Verhältnis von Text und Illustration im überlieferten Werk Hildegards von Bingen. In: A. Ph. Brück (Hrsg.), Hildegard von Bingen 1179–1979. Festschrift zum 800. Todestag der Heiligen, Mainz 1979

Moulinier, Laurence: Eine französische Hildegardvita des 15. Jahrhunderts. In: A. Haverkamp (Hrsg.), Hildegard von Bingen in ihrem historischen Umfeld, Mainz 2000

Müller, Irmgard.: Die Bedeutung der lateinischen Handschrift Ms. Lur. Ashb. 1323 (Florenz, Biblioteca Medicea Laurenziana) für die Rekonstruktion der »Physica« Hildegards von Bingen und ihre Lehre von den natürlichen Wirkkräften. In: A. Haverkamp (Hrsg.), Hildegard von Bingen in ihrem historischen Umfeld, Mainz 2000

Nikitsch, Eberhard J: Wo lebte die heilige Hildegard wirklich? In: R. Berndt (Hrsg.), »Im Angesicht Gottes suche der Mensch sich selbst«, Berlin 2001

Riedel, Ingrid: Hildegard von Bingen. Prophetin der kosmischen Weisheit, vollständig überarbeitete Ausgabe von 1994, Stuttgart 2005

Ritscher, M. Immaculata: Zur Musik der Heiligen Hildegard von Bingen. In: A. Ph. Brück (Hrsg.), Hildegard von Bingen 1179–1979. Festschrift zum 800. Todestag der Heiligen, Mainz 1979

Saurma-Jeltsch, Lieselotte E.: Die Rupertsberger »Scivias«-Handschrift. Überlegungen zu ihrer Entstehung. In: E. Forster (Hrsg.), Hildegard von Bingen. Prophetin durch die Zeiten, Freiburg im Breisgau 1997

Schipperges, Heinrich: Die Benediktiner in der Medizin des Mittelalters, Leipzig 1964

ders.: Die Kranken im Mittelalter, München 1990

ders.: Die Welt der Hildegard von Bingen. Panorama eines außergewöhnlichen Lebens, Freiburg im Breisgau 1997

ders.: Heil und Heilkunst. Hildegards Entwurf einer ganzheitlichen Lebensordnung. In: E. Forster (Hrsg.), Hildegard von Bingen. Prophetin durch die Zeiten, Freiburg im Breisgau 1997

Seibrich, Wolfgang: Geschichte des Klosters Disibodenberg. In: A. Ph. Brück (Hrsg.), Hildegard von Bingen 1179–1979. Festschrift zum 800. Todestag der Heiligen, Mainz 1979

Seibt, Ferdinand: Glanz und Elend des Mittelalters. Eine endliche Geschichte, Berlin 1987

Simon, Adelheid: Die Reliquien der heiligen Hildegard und ihre Geschichte. In: A. Ph. Brück (Hrsg.), Hildegard von Bingen 1179–1979. Festschrift zum 800. Todestag der Heiligen, Mainz 1979

Staab, Franz: Aus Kindheit und Lehrzeit Hildegards. Mit einer Übersetzung der Vita ihrer Lehrerin Jutta von Sponheim. In: E. Forster (Hrsg.), Hildegard von Bingen. Prophetin durch die Zeiten, Freiburg im Breisgau 1997

ders.: Hildegard von Bingen in der zisterziensischen Diskussion des 12. Jahrhunderts. In: R. Berndt (Hrsg.), »Im Angesicht Gottes suche der Mensch sich selbst«, Berlin 2001

Stühlmeyer, Barbara: Die Gesänge der Hildegard von Bingen. Eine musikologische, theologische und kulturhistorische Untersuchung, Hildesheim 2003

Töpfer, Bernhard: Kaiser Friedrich I. Barbarossa und der deutsche

Reichsepiskopat. In: A. Haverkamp (Hrsg.), Friedrich Barbarossa – Handlungsspielräume und Wirkungswesen des staufischen Kaisers

III. Weiterführende Links

www.abtei-st-hildegard.de
www.eibingen.net
www.hildegardvonbingen.info

HEIKE KOSCHYK

PERGAMENTUM

ROMAN

Elysa von Bergheim reckte sich über die schmale Brüstung des Prahms. Ein eisiger Wind streifte ihre Wangen. Für einen Moment glaubte sie, durch den dunstigen Nebel bereits die Umrisse des Kloster Eibingen zu erkennen, doch im nächsten Augenblick verschlossen dichte Schwaden den Blick.

Plötzlich begann das Boot zu schlingern, geistesgegenwärtig klammerte sie sich an die Seitenplanke. Die Pferde schnaubten unruhig und tänzelten auf der Stelle, so dass das Boot nun zu schwanken begann. Ein Blick auf den Schiffer, der am Bug stand und das Boot ruhig mit der Stakstange vorwärts trieb, zeigte ihr jedoch, dass keine unmittelbare Gefahr bestand.

»Was war das?«, rief sie dem Kanonikus entgegen, der seit ihrer Abfahrt in Mainz nahezu unbewegt in der Mitte des Bootes saß.

»Die Strömung der Rheinenge bei Bingen.«

»Aber wir sind doch noch nicht einmal bei Rüdesheim.«

Hastig tastete Elysa sich zur Schiffsmitte zurück und setzte sich neben Clemens von Hagen, Kanonikus vom St.-Stephans-Stift zu Mainz, einen großen, breitschultrigen Mann mit ausgeprägtem Kinn und wachen Augen, der alleine durch seine Statur allerorts Respekt einflößte, was sich noch verstärkte, wenn er seine tiefe, volltönende Stimme erhob. Ein idealer Begleiter für eine alleinreisende Adelige.

Der Wind nahm an Stärke zu, stob gegen den von der schweren

Ladung erhobenen Bug des Bootes, das nun wieder zu schlingern begann. Elysa wurde übel.

Sie hätten einen Pferdewagen nehmen sollen, es wäre schneller gewesen und angesichts der unberechenbaren Strömung wahrscheinlich auch sicherer, aber der Kanonikus hatte auf der Rheinfahrt bestanden, zum Schutz gegen die Wegelagerer, die in den Wäldern abseits der alten Römerstraßen überhandnahmen.

Elysa versenkte ihre Hände tief in die Taschen des groben Wollmantels. Trotz des großen Eindrucks, den Clemens von Hagen zunächst bei ihr hinterlassen hatte, unterschied er sich anscheinend nur wenig von den meisten Männern, die sie kannte. Von ihrem Vater, Gott sei seiner Seele gnädig, ihrem Bruder Magnus von Bergheim und all jenen, die vergeblich um ihre Hand angehalten hatten. Diese Männer waren alle stur, besserwisserisch und selbstverliebt gewesen. Was bei dem Kanonikus noch schwerer wog, entbehrte er bislang doch jener Eigenschaften, die ein Mann des Glaubens mitbringen sollte: Demut, Güte und Barmherzigkeit.

Elysa fröstelte in der ungewohnten Kleidung. Mit Bedauern dachte sie an die herrlichen Dinge, die nun am Heck des Bootes in ihren Truhen lagen. An den pelzgefütterten langen Mantel, die bestickten Fingerhandschuhe und an den saphirblauen, modisch kurzen Friesenmantel aus Flandern, die langen hochgeschnürten Seidenkleider aus Italien und den goldverzierten Umhang, einziges Andenken an ihre Mutter.

Der Kanonikus hatte Elysa die grobe Kleidung der einfachen Städter gegeben, um sie vor Überfällen zu schützen. Es war gut und richtig, und dennoch, der raue Stoff war in der feuchtkalten Luft schnell klamm geworden und bot nur wenig Schutz gegen den eisigen Novemberwind.

Elysa seufzte schwer. Sie hätte darauf bestehen sollen, im Haus ihrer Großmutter in Mainz zu bleiben, bei der sie den Großteil ihres Lebens verbracht hatte und die sie nun alleine zurücklassen musste. Hier hatte sie ohne allzu strenge Aufsicht leben und unbeirrt all die Bücher studieren können, die laut allgemeiner Auffassung den Frauen nicht zugänglich sein durften.

Sie hatte die Werke von Aristoteles und Plinius gelesen, die des Isidor von Sevilla und Bruno von Segni. Am stärksten hatte sie das *Sic et Non* des Petrus Abaelard beeindruckt, der die ungeheuerliche Auffassung vertrat, dass es dem Menschen zustand, kraft des Verstandes Dinge zu erklären, ja sogar Widersprüche in den Aussagen von Propheten, Aposteln und Kirchenvätern zu hinterfragen und zu analysieren. Stunde um Stunde hatte Elysa über all jenen Büchern gesessen, die ihr der Onkel kurz vor seinem Tod vermacht hatte. Natürlich nur heimlich und ohne das Wissen der Großmutter, denn die war eine strenggläubige Frau, die in den aufrührerischen Gedanken und der Hinterfragung christlichen Gedankenguts nur einen weiteren Beweis für das Ende des sechsten Zeitalters sah, in dem sich die Welt unweigerlich auf den Untergang zubewegte.

Elysa jedoch war fasziniert von den neuen Sichtweisen der Scholastik. Und mit jedem Wort, das sie verschlang, begriff sie, dass die Welt eine andere war, als man ihr auf Burg Bergheim stets hatte einflüstern wollen.

Doch nun, da ihr Bruder Magnus sich entschlossen hatte, dem Aufruf zur heiligen Heerfahrt zu folgen, sollte sie als Statthalterin zurückkehren. Zurück in jene Burg, die sie im Alter von acht Jahren verlassen musste und an die sie nur abscheuliche Erinnerungen hatte.

Der Nebel nahm zu, ebenso die Dunkelheit. Bald schon würde der Fluss vollends in der Schwärze der Nacht versinken und den Schiffern die Weiterfahrt erschweren.

Der scharfe Wind drang durch den Stoff und löste in Elysa ein heftiges Zittern aus. Inständig sehnte sie sich nach dem prasselnden Feuer eines Kamins und nach einer weichen Decke, die ihre Glieder wärmte. Bequemlichkeiten, die sie in Eibingen wahrscheinlich nicht vorfinden würde.

»Warum nächtigen wir nicht im Kloster Rupertsberg? Es wäre standesgemäßer.«

»Es gibt einen guten Grund.« Clemens von Hagen nahm seinen schwarzen Mantel ab und legte ihn Elysa fest um die Schultern. »Ich habe eine Botschaft zu übermitteln.«

»Vom Erzbischof?«

»Woher wisst Ihr?«

»Das Pergament, das Ihr eingesteckt habt, bevor wir den Prahm bestiegen, trägt sein Siegel.«

Es war ihr, als unterdrücke er ein Lächeln.

Elysa spürte das Gewicht des warmen Stoffes. Langsam ließ das Zittern nach. »Was ist das für eine Botschaft?«, fragte sie.

»Ihr seid sehr wissbegierig. Euer Onkel erwähnte es.«

Bernhard von Oberstein, ihr Onkel und väterlicher Freund, Magister Scholarum in der Domschule zu Mainz. Sein Tod hatte ein tiefes Loch in ihr Leben gerissen, und nun musste Elysa auf Geheiß ihres Bruders Magnus auch noch den Ort ihrer Jugend verlassen, der ihr vertrauter war als der Stammsitz der Familie. Je näher sie der Burg kamen, umso schwerer fiel es ihr, das Schicksal anzunehmen, das er für sie auserkoren hatte. Nun war es Nacht, und sie mussten im Kloster einkehren, morgen aber würde sie auf der Familienburg eintreffen.

Unvermittelt fuhr Clemens von Hagen fort. »Bevor wir in Eibingen ankommen, sollte ich Euch den Grund der erzbischöflichen Botschaft enthüllen, um Euch auf unseren Aufenthalt vorzubereiten.« Er wandte seinen Blick zum rechten Rheinufer. »Es geschehen dort Dinge, von denen Ihr wissen solltet.«

»Was sind das für Dinge?«

»Man sagt, der Teufel habe im Kloster Einzug gehalten.«

»Der Teufel?« Unwillkürlich tastete Elysa nach dem Kreuz, das sie um den Hals trug.

Clemens von Hagen blickte zum Schiffer, der in seiner Bewegung innehielt, und senkte die Stimme. »Es heißt, er sei in der Gestalt eines seelenlosen Mönches gekommen und treibe seit dessen Tod dort sein Unwesen.« Er schwieg kurz, als müsse er seine Gedanken sammeln. »Eine Nonne starb unter entsetzlichen Krämpfen«, fuhr er flüsternd fort. »Plötzlich und ohne jede erkennbare Ursache. Eine weitere wäre fast bei einem Brand umgekommen, der ein Seitenschiff der Kirche nahezu zerstörte, ebenso wie einen Teil des Skriptoriums. Vom Hildegardisaltar verschwand ein Schrein mit Reliquien der Meisterin, kurz darauf fanden Nonnen ihn zerschmettert und leer in der Nähe der Backstube. Ihr könnt Euch vorstellen, dass die Priorin in Aufruhr ist.«

Entsetzt starrte Elysa den Kanonikus an. »Es wäre mir lieber, Ihr würdet mich zum Kloster Rupertsberg bringen und Eure Botschaft am nächsten Tag zustellen.«

»Ausgeschlossen. Man würde eine Verbindung zum Rupertsberg herstellen, was gerade jetzt, wo man die Heiligsprechung Hildegards anstrebt, verheerende Folgen haben könnte. Nein! Wenn wir in Eibingen nächtigen, tun wir es als Gäste, die nach einer beschwerlichen Reise Unterkunft suchen, nicht als Botschafter des Erzbischofs.«

»Und wie wollt Ihr für meine Sicherheit garantieren? Weiß mein Bruder von Eurem Vorhaben?«

»Euer Bruder gab mir seine Zustimmung. Euch wird nichts geschehen, dafür werde ich Sorge tragen.«

»Ich verstehe nicht, warum Ihr Euch da so sicher seid!«

Elysa fühlte Wut in sich aufsteigen, gepaart mit einer tiefen Hilflosigkeit. Zum ersten Mal kam ihr der Gedanke, dass der

Kanonikus mehr als nur ein Reisebegleiter war. Fast schien es, als wäre ihre Heimreise nur nützliche Nebensache. Clemens von Hagen hatte jemanden gebraucht, der seinen Aufenthalt in Eibingen erklärte. Und was lag näher, als dass eine junge Adelige, von Dunkelheit und schlechter Witterung überrascht, Unterkunft in einem Kloster suchte, das sie ansonsten niemals erwählt hätte. Einem Kloster, deren Nonnen vorwiegend aus Ministerialentöchtern und Frauen der unteren Schichten stammten und das nicht dem Adel vorbehalten war, wie das Mutterkloster auf dem Rupertsberg, das nur wenige Stunden flussaufwärts lag. Und das sie mit einem Pferdewagen noch bei Tageslicht hätten erreichen können.

»Versucht mich zu verstehen, ehrwürdiger Clemens, lieber nächtige ich auf dem Boot, als Euch nach Eibingen zu folgen.«

Elysa glaubte, in der Dunkelheit ein Lächeln des Kanonikus zu erkennen. »Meine liebe Elysa. Soweit ich in Erfahrung bringen konnte, ist Euch die kritiklose Annahme mysteriöser Überlegungen fremd.«

»Ihr glaubt also nicht an die Anwesenheit des Teufels?«

Clemens von Hagen lachte verhalten. »Das Fegefeuer, das die Leiber der Verdammten peinigt, ist eine Erfindung unseres verehrten Kirchenvaters Augustinus, um die armen Sünder zur Umkehr zu bewegen. Die Wahrheit liegt in der Allegorie. Warum also sollte sich der Teufel persönlich nach Eibingen begeben, um ein Feuer zu zünden?«

Elysa ahnte, worauf Clemens von Hagen abzielte. »Ihr glaubt, es steckt eine planvolle Absicht dahinter?«

Der Kanonikus schwieg. Elysa beobachtete das Ufer, das in der Ferne von flackernden Lichtern erhellt wurde. Unversehens hatte Clemens von Hagen etwas in ihr berührt, das sie neugierig machte. Wenn man alles, wie es die Scholastiker verkündeten, mit wachem Verstand hinterfragen konnte, musste es dann nicht auch für die Vorgänge im Kloster eine Erklärung geben? Sollte man es nicht zumindest in Erwägung ziehen?

Eine Erinnerung stieg in ihr auf und führte sie in die Kindheit, zurück zum elterlichen Anwesen. Sie nahm die Sonne auf ihrem Haar wahr, den Duft der Wiesenblumen, das Klappern der Hufe, das Rütteln des Pferdewagens, der dem unebenen Weg zur Holzbrücke folgte, unter dem sich der tiefe Wassergraben auftat. Neben ihr die Mutter, mit geröteten Wangen, lachend. Sie hatte das knackende Geräusch nicht gehört, aber Elysa vernahm es. Damals hatte sie es jedoch nicht zuordnen können. Als der Wagen die Brücke erreichte, geschah es: Die Achse brach, der Wagen kippte zur Seite und krachte gegen das hölzerne Geländer. Ihre Mutter wurde hinausgeschleudert, hinab in den Graben. Das Wasser spritzte hoch und prasselte auf Elysas Gesicht. Noch heute spürte sie das Entsetzen, das sie angesichts der Schreie der Mutter empfunden hatte. Eine der Wachen des Burgtores schaffte es, sie aus dem Wasser zu ziehen, bevor sie ertrank, doch fortan war sie verändert. Es hieß, der Teufel habe ihr ein Bein gestellt. Es sei die Strafe für den Hochmut, den sie empfunden hatte, als sie lachend vor Glück über die Felder geritten war.

Erst Jahre später hatte Elysa erkannt, dass es noch eine andere Wahrheit gab, geben musste. Man konnte es Schicksal nennen, dass die Achse ausgerechnet auf der Brücke gebrochen war. Und was sprach gegen die absichtsvolle Handlung eines missgünstigen Hörigen etwa, die Achse brüchig zu machen?

Die Rufe des Mannes, der am Heck das Ruder bediente, vertrieben ihre Gedanken. Elysa erkannte am Ufer kleine Feuer, die man entzündet hatte, um die mondlose Nacht zu erhellen. Zwei Männer, ihrer Kleidung nach Laienbrüder, standen winkend daneben, sie wurden anscheinend erwartet.

»Wir sind gleich da«, erklärte Clemens von Hagen und sah Elysa fest an. »Ich bitte Euch nun, gleichgültig, was ich sage, vertraut mir. Und tut nichts, was Argwohn wecken könnte, es sei denn, Ihr wollt meine Mission gefährden.«

Der Schiffer lenkte das Boot mit dem Bug voran an die Böschung. Elysa ließ sich von dem Kanonikus ans Ufer helfen und beobachtete, wie die Männer die Pferde an Land führten. Sie versuchte, im Licht der Fackeln einen Pferdewagen zu entdecken oder eine Karre für die vielen Truhen, in denen sie ihre gesamte Habe bewahrte, die Kleidung, den Schmuck, die Bücher ihres Onkels. Aber sie sah nichts dergleichen.

Als sie sich zum Boot umdrehte, beobachtete sie, wie der Kanonikus kurz mit einem der Laien sprach und ihm etwas zusteckte. Kurz darauf kletterte der Mann auf das Boot zu den Schiffern, während der andere es vom Ufer abstieß und sofort mit einem großen Satz aufsprang.

Clemens von Hagen trat zu ihr. »Die Truhen bleiben auf dem Boot. Wir können sie nicht mitnehmen.«

»Aber warum? Die Männer werden damit verschwinden!«

»Sie gehören zum Kloster. Eure Habe kommt an einen sicheren Ort.«

»Wo könnte sie sicherer sein als im Kloster?«

Der Kanonikus antwortete nicht. Wortlos führte er die Pferde heran und half Elysa in den Sattel. Dann nahm er eine der Fackeln und bestieg sein eigenes Pferd.

»Es gibt noch etwas, das Ihr wissen solltet.«

»Was kann es noch geben?«

»Der Brief, den ich unter dem Siegel des Mainzer Erzbischofs Konrad mit mir führe, enthält auch eine Empfehlung, und Ihr müsst mir jetzt sagen, ob Ihr möchtet, dass ich sie vor der Priorin verlese oder augenblicklich vernichte.«

Elysa umklammerte die Zügel ihres Pferdes, das unruhig zu tänzeln begann. »Was ist das für eine Empfehlung?«

»Es ist die Aufforderung, die Tochter eines von ihm hoch geschätzten Handwerkers im Kloster als Novizin aufzunehmen.«

»Und wer ist diese Frau?«

»Ihr seid es.«